Vacances Secrètes

Berlin
et sa région

Les auteurs

Pierrette Letondor est germaniste, journaliste radio en Allemagne, spécialiste de la chanson française, du tourisme, de la gastronomie et de la mode. En 1985, elle a écrit le premier guide de voyage pour femmes en langue allemande, *Paris pour les femmes*, et dirigé la collection Guides pour les femmes.

Peter Stephan est allemand, journaliste radio depuis trente-cinq ans, premier lauréat du Prix du journalisme franco-allemand, correspondant au Maghreb et pour la troisième fois à Paris. Auteur d'un livre sur les cimetières parisiens, *Des Lebens dernier cri*. Il est aussi, en Allemagne, l'éditeur de Léo Mallet, dont les romans policiers lui ont inspiré des balades parisiennes...

L'aquarelliste

Alain Bouldouyre a le trait pour passion et le monde pour champ d'action. Il ne faut rien lui demander de trop simple ; il n'apprécie que l'exceptionnel. Homme de communication, designer, créateur, illustrateur, il livre sa vision magique du monde. Il a déjà illustré *Vacances secrètes Écosse*, *Moscou*, *Marrakech* et *San Francisco*, dans la même collection.

© Arthaud, Paris, 2002

Tous droits réservés.
ISBN : 2-7003-9540-9
N° d'édition : FZ0056
Dépôt légal : juin 2002
Imprimé en France

Vacances Secrètes

Berlin
et sa région

ARTHAUD

Sommaire

Vacances Secrètes

BERLIN

Mitte Nord **8**	**43** Schöneberg
Mitte Sud **15**	**49** Kreuzberg
Tiergarten **24**	**57** Friedrichshain
Charlottenburg **30**	**62** Marzahn, Lichtenberg, Hellersdorf, Hohenschönhausen
Wilmersdorf **35**	
Zehlendorf, Steglitz, **39** Wannsee	**66** Prenzlauer Berg, Pankow

Sommaire

Spandau, Reinickendorf, Tegel, Wedding **71**

Köpenick, Treptow, Neukölln **77**

82 Sur le tracé du Mur

88 Les ambassades

91 Les cimetières

LES ENVIRONS

Les environs de Berlin **96**

Potsdam **99**

106 Quelques services

108 Index

Avant-propos

Le visiteur qui souhaite s'imprégner de l'atmosphère berlinoise passera tout naturellement sous la porte de Brandebourg et gravira le dôme du Reichstag. Le circuit le conduira à visiter le château de Charlottenburg, ainsi qu'à la célèbre île des Musées, ne serait-ce que pour contempler l'autel de Pergame, à entrer au Musée égyptien pour voir le buste de Néfertiti, à découvrir les trésors des églises Saint-Nicolas et Sainte-Marie, et, bien sûr, à flâner sur la splendide avenue Unter den Linden.

Que ces sites fassent partie du parcours obligatoire pour tout visiteur de Berlin, c'est sans conteste. Mais notre but est de vous inciter à flâner hors des chemins touristiques, à vous éloigner des avenues trop connues ou des musées trop visités. C'est pourquoi nous avons renoncé au paysage berlinois trois étoiles, nous ne conseillons pas les réceptions des grands hôtels qui poussent comme des champignons, et nous n'avons pas retenu les restaurants réputés recommandés par les guides gastronomiques.

Nos critères de choix, en plus du confort et du plaisir, primordiaux, se portent sur les lieux fréquentés par les habitants de la ville. Nous vous mènerons là où le Berlinois se trouve, mais aussi là où la capitale dissimule ses petits secrets et où elle nous aide à suivre et comprendre le fil de son histoire changeante et si souvent tragique. Le passé proche, palpable et effrayant doit servir de leçon. Ainsi, certaines adresses n'ont rien de secret, par exemple celle de la toute nouvelle synagogue ou celle du Musée juif. Pourtant, une visite s'impose dans les hauts lieux du judaïsme berlinois pour saisir le rôle capital de cette communauté à Berlin.

Berlin n'est pas une métropole qui s'éveille à 5 h du matin. Elle a conservé la tradition de l'ancien Berlin-Ouest : on ferme avec le dernier client. La

Avant-propos

Filmstadt Babelsberg

culture des bars-cafés, que l'on appelle ici *Kneipen*, est incroyablement vivante, parfois loufoque, comme à Friedrichshain, le dernier quartier branché situé dans l'ancienne RDA, à l'ombre du Mur. Les boutiques sont à l'avenant du public, jeunes et créatives. Ou vice versa ? La ville, tout comme au temps de sa partition, continue d'attirer la jeunesse allemande. Berlin est très étendue : elle est huit fois plus grande que Paris. Malgré d'excellents réseaux de bus, de métro et de tram, qui se recoupent, il vaut mieux avoir le pied confortablement chaussé pour découvrir la métropole. Ne vous étonnez pas si, au bout d'une quinzaine de minutes, vous avez l'impression de vous trouver à la campagne. Berlin est composée de villages (*Kiez*) qui, une fois rattachés administrativement à la ville, sont nommés *Bezirk*. C'est la raison pour laquelle nous avons choisi de vous confier notre carnet d'adresses par *Bezirk*, les distances entre les adresses thématiques pouvant être trop longues. Trois exceptions : les routes de l'ancien Mur et des nouvelles ambassades sont les témoins d'une page de l'histoire fermée récemment et d'une autre qui s'ouvre. Celle des cimetières est le dernier cri des hommes et femmes qui ont fait la petite et la grande histoire de la mégapole.

La nouvelle nostalgie, « l'estalgie », exploite les ambiances et objets du quotidien de l'ancien Berlin-Est. Des aficionados ont repris des lieux où le temps s'est arrêté à la chute du Mur, ils en ont mystifié des « souvenirs », qui aujourd'hui se vendent sous le manteau.

Ne vous laissez pas dérouter par cette ville dynamique, jeune, en mouvement, de toutes les tendances, cosmopolite, où les stars de l'architecture internationale se font concurrence, une ville en totale métamorphose. Bonne flânerie !

Mitte Nord

C'est ici que l'on situe l'ancien quartier aux granges (Scheunenviertel), où les habitants menaient couramment de front deux métiers, dont celui de paysan. On l'appelait aussi « la banlieue de Spandau », car là commençait la route qui menait à cette ville autonome à l'ouest de Berlin. Dans ce quartier s'installèrent de nombreux juifs et, dans les années 1920, il passait pour le lieu de prédilection des artistes. Dès la tombée de la nuit, il n'était pas recommandé de se promener dans les pittoresques ruelles sombres, une faune encanaillée leur valant une mauvaise réputation. Accolé au Mur sur sa partie ouest, Mitte fit, tout de suite après la réunification, l'objet d'une intense politique de restauration. Ses cours intérieures en enfilade, avec leurs splendides façades Jugendstil minutieusement rénovées, sont aujourd'hui un des hauts lieux du tourisme berlinois, les plus courus étant les Hackeschen Höfe.

Découvrir

LA NOUVELLE SYNAGOGUE,
Oranienburger Str. 28.
Cette synagogue construite au milieu du XIXe siècle fut fortement endommagée pendant la dernière guerre. Au début des années 1990, on restaura la façade et redora la magnifique coupole de style mauro-byzantin. De l'intérieur, il ne reste plus grand-chose ; là où, autrefois, plus de 3 000 fidèles trouvaient place, une salle de prière provisoire accueille moins de 100 personnes. Une exposition permanente retrace l'histoire du lieu. C'est en 1712 que les juifs de Berlin obtinrent le droit d'ériger une synagogue (Heidereutergasse). Elle fut réduite à néant par les bombardements.

THE MISSING HOUSE,
Große Hamburger Str. 16.
Sur le mur de la maison du n° 16 sont inscrits les noms des gens qui habitaient l'immeuble voisin avant la guerre. Ces plaques commémorant le Berlin juif sont l'œuvre de l'artiste Christian Boltanski.
Juste en face, le lycée juif de Berlin – où sont admises toutes les confessions – fut construit par Moses Mendelssohn, qui inspira Lessing pour le personnage principal du roman *Nathan le Sage*.

L'ENDROIT ABANDONNÉ,
Der Verlassene Raum, Koppenplatz.
On y voit une table et deux chaises, dont l'une est tombée ; il faut s'approcher de près ou toucher les meubles pour remarquer qu'ils sont en bronze. Sur le sol sont inscrits des vers tirés des poèmes de Nelly Sachs, lauréate du prix Nobel. Ce monument commémore la nuit du pogrome.

SUR LES TRACES DE BRECHT,
Brecht-Weigel-Gedenkstätte,
Chausseestr. 125.
Brecht monta de sa Bavière natale (Augsburg) à Berlin alors qu'il était jeune homme. À 30 ans, il connut la célébrité avec la mise en scène légendaire de *L'Opéra de quat'sous*. À la prise du pouvoir par Hitler, il émigra, puis il choisit de rentrer dans la partie est du Berlin divisé, où il fonda et dirigea avec son épouse, la comédienne Helene Weigel, le Berliner Ensemble. Ils emménagèrent dans la maison au fond de la cour du 11 Chausseestraße. Chacun disposait de son appartement. La visite du lieu montre comment le poète vécut les dernières années de sa vie.

LE MUSÉE D'HISTOIRE DE LA MÉDECINE,
Medizinhistorisches Museum,
Schumannstr. 20/21. Ouv. du lun. au ven. de 13 h à 16 h, mer. jusqu'à 19 h.
À la Charité, l'hôpital riche en tradi-

tions de Berlin, enseignèrent de grands noms de la médecine, comme Robert Koch, Ferdinand Sauerbruch ou Rudolf Virchow. C'est à ce dernier que l'on doit l'immense collection de pathologie anatomique, qui montre les anormalités humaines et démontre que, parfois, la réalité peut être plus effrayante que certains films d'horreur.

LE MUSÉE SILENCIEUX,
Das stille Museum, Linienstr. 154A,
T 28 09 49 97. Ouv. tlj sauf lun.
de 14 h à 18 h.

C'est le musée le moins visité de Berlin, mais qui prête le plus à la contemplation. Les murs de cet appartement servent de cimaises à l'artiste russe Nikolai Makarov, de renommée internationale. Il met en pratique ses convictions en matière de peinture, à savoir qu'elle est une invitation à la méditation. Dans chaque pièce, un ou deux grands tableaux abstraits évoquant des paysages intérieurs qui se transposent sur les murs et le sol, le tout auréolé de chaudes tonalités orange. Les banquettes sont autant d'invites à prendre son temps.

DES VISITES GUIDÉES
SUR LE THÈME DU BERLIN JUIF,
Rundgänge. Les départs se font toujours depuis Kunsthof, Orianenburger Str. 27. Voir www.tourismus.berlin-judentum.de. La journaliste Iris Weiss propose 22 promenades-découverte sur l'histoire du Berlin juif d'hier à aujourd'hui.

à la tombée de la nuit, dim. à partir de 10 h. 20 € les 30 mn d'initiation, 40 € l'heure avec moniteur.
Le centre offre la possibilité à tous de pratiquer ou de s'initier au golf à peu de frais dans une atmosphère peu conventionnelle, loin des *outfits* british. Les lundis et jeudis, les enfants peuvent s'entraîner gratuitement jusqu'à 14 h.

DÉTENTE,
In den Kunst-Werken, Auguststr. 69.
En passant devant le joli bâtiment de style baroque, on ne soupçonne pas le petit jardin original planté de pommiers nains et de saules pleureurs, et encore moins que se dissimulent derrière une cour extrêmement calme et un café tout en verre, Le Bravo (ouv. tlj de 11 h à 20 h), où il fait bon s'accorder un moment de répit, loin du bruit de la rue. Ambiance très artiste, avec ateliers pour jeunes créateurs et galeries, dans cette ancienne usine de margarine.

THÉÂTRE ET MUSIQUE,
Hackesches Hoftheater, Rosenthaler Str. 40/41, T 28 32 587. Tarifs et horaires selon la programmation.
Un petit théâtre de poche, qui présente des pièces yiddish ou des concerts de musique Klesmer (clarinette, violine) de haute qualité, se trouve dans la deuxième cour des Hackeschen Höfe, une enfilade de cours intérieures Jugendstil magnifiquement restaurées et, par conséquent, un aimant touristique.

Les loisirs

DANSE,
Clärchen's Ballhaus, Auguststr. 24,
T 90 01 79. Ouv. tlj à partir de 19 h 30.
C'est l'une des rares salles de bal berlinoises des années 1910 qui perdure, un haut lieu de réjouissances de l'ex-RDA. Tango et disco à partir de 19 h 30.

GOLF,
Öffentliches Golfzentrum Berlin Mitte, Chausseestr. 94. Ouv. tlj de 7 h

Les bonnes adresses

COMPTOIR DU LIN,
Leinen-Kontor, Tucholskystr. 22,
T 28 39 02 77. Heures
d'ouverture irrégulières;
il est préférable de téléphoner.
Cette ravissante petite boutique offre un voyage au pays des grand-mères. La styliste Eva Endruweit ne propose que des articles en lin, qu'elle réalise elle-même ou qu'elle commande à l'étranger si elle trouve un produit impec-

cable. Ici, on n'achète pas seulement du tissu, mais aussi du souvenir. Les prix sont, de surcroît, intéressants.

METAMORPH,
Oranienburger Str. 46.
Ouv. du lun. au ven. de midi à 18 h, sam. de midi à 19 h.
Le Berlinois n'a pas besoin de carnaval pour se métamorphoser. Le samedi après-midi, il fait la queue sur le trottoir pour trouver le masque qui conviendra aux réjouissances de la nuit. Des monstres pour les fêtards dans les anciens bunkers, un Louis de Funès, un Napoléon pour les francophiles. Les De Gaulle sont souvent épuisés. Quelque 170 modèles sont exposés aux murs, des secondes peaux qui se prêtent parfaitement aux mimiques.

STERLING GOLD,
Heckmann-Höfe, Oranienburger Str. 32.
Ouv. du lun. au sam. de midi à 20 h.
Un dépôt-vente très frou-frou, avec ses murs tendus de tissu doré et son millier de robes de bal, costumes pour jeunes filles rêvant au prince charmant. Il embarque sans ticket dans le glamour américain des années 1940, 50 et 60. Cette oasis de rêve située dans la paisible arrière-cour Heckmann est mise en scène par deux acolytes, qui aiment conter l'histoire des vêtements. Les prix sont modérés (à partir de 130 €).

FIONA BENETT,
Große Hamburger Str. 25.
Ouv. du lun. au ven. de 10 h à 19 h, sam. de midi à 16 h.
Chapeau ! Ici, elle trouve le couvre-chef qu'elle cherche pour aller au théâtre, se rendre à un vernissage ou assister aux courses. L'Allemande se chapeaute en général plus que la Française. Belle mise en scène dans la vitrine.

EMMA EMMELIE,
Schumannstr. 15A.
Ouv. du lun. au ven. de 13 h à 19 h 30.
Ce ravissant petit bric-à-brac est en fait une mine de trouvailles, où l'on peut dénicher des souvenirs du Vieux-Berlin. C'est un peu comme si l'on fouillait dans l'armoire d'une Oma (la grand-mère allemande). Des poupées en porcelaine aux ustensiles de cuisine, on trouve toujours le petit cadeau à ramener à la maison.

YOSHIHARU,
Auguststr. 19.
Ouv. du lun. au sam. de midi à 20 h.
Le styliste japonais Yoshiharu Ito se fait discret à Berlin, avec ses vêtements aux formes et aux couleurs sobres sans être ennuyeuses – denrée plutôt rare dans la ville du déguisement quotidien. Depuis quinze ans, il habille les deux sexes et propose les accessoires adéquats.

Bei Junghaus

GALERIE TINA SCHWICHTENBERG,
Krausnickstr. 6, T 78 22 473.
Ouv. du mar. au ven. de midi à 18 h.
Appeler avant la visite, l'artiste pouvant être en déplacement.
La galerie-atelier de cette artiste mérite le détour. Son armada d'une soixantaine de femmes sculptées en terre cuite est une interpellation. Disposées à même le sol comme une troupe de petits soldats de 1 m, elles forment un front qui s'avance vers le spectateur mais n'arrive jamais. Chaque sculpture peut être achetée pour environ 450 € ; elle sera vite remplacée par une silhouette sortie de la mythologie, des fantasmes ou, plus prosaïquement, de la rue.

KOLBO,
Augustr. 77/78. Ouv. du dim. au jeu.
de 8 h à 18 h, ven. de 8 h à midi.
Cette alimentation casher approvisionne la communauté orthodoxe Adass Jisroel.

Estalgie

LA HALLE AU MARCHÉ,
Markthalle, Ackerstr. 23. Ouv. du lun.
au ven. de 8 h à 20 h, sam. jusqu'à 16 h.
Ce marché couvert est la plus ancienne halle de Berlin, et la seule à avoir été reconstruite à l'identique. C'est l'une des 15 halles bâties en 1888 pour parer aux mauvaises conditions d'hygiène des étals en plein air. Elle présente la singularité de fonctionner encore comme au plus beau moment des regroupements agricoles. La coopérative des biens de consommation ouvrit ici son premier point de vente. Avec ses allures de temple et ses relents passéistes, elle est devenue une curiosité pour nostalgiques de l'Est.

BEI JUNGHAUS,
Chausseestr. 134. Ouv. du lun. au ven.
de 11 h à 18 h, sam. de 11 h à 14 h.
La minuscule boutique de cigares de la famille Junghaus remonte à trois générations, et donc aux années 1920. Bertolt Brecht venait en voisin y acheter jusqu'à ses allumettes. Les pourfendeurs de l'ancienne RDA, comme le barde Biermann ou les acteurs Heiner Müller et Manfred Krug, s'y approvisionnaient avant de se rejoindre dans le cimetière proche pour discuter en catimini. Chez Junghaus a vu défiler le Tout-Berlin-Est et ses sympathisants étrangers, comme Fidel Castro. Depuis la chute du Mur, le jeune patron se fait du souci, et les Cohiba Esplendidos du chancelier Schröder lui font concurrence, tout comme la façade postmoderne du bâtiment d'en face.

MEUBLES RÉTRO,
Neue Schönhauser Str. 18.
Ouv. du lun. au ven. de midi à 19 h,
sam. de 10 h à 14 h.
Les aficionados de bibelots et meubles racontant trois décennies des intérieurs cossus de l'ancien Berlin-Est font leur course dans ce magasin rétro. On y trouve des coquetiers, des réveils de voyage, des porte-clefs, des plateaux à apéritif à plusieurs compartiments... Le plastique et la couleur rose, devenus denrées rares, valent leur pesant de nostalgie.

Services

L'ÎLE AUX ENFANTS,
Kinderinsel, Eichendorffstr. 17,
T 27 90 87 42, fax 41 71 69 48.
18 € l'heure de jour, 12 € la nuit,
240 € les 24 h.
En Allemagne, si les mamans doivent disposer, durant l'après-midi, d'un moment à elles, il faut qu'elles fassent preuve d'imagination. C'est ainsi qu'est née récemment l'idée de prendre en charge les enfants nuit et jour, et ce jusqu'à deux journées d'affilée. Installé au rez-de-chaussée d'un bel immeuble, l'endroit, conçu comme un appartement à l'ambiance nordique tel que les petits le désirent, est à la fois ludique et pédagogique. L'encadrement n'est fait que par des personnes diplômées, ce qui justifie les tarifs plus élevés que celui d'une baby-sitter. Une petite adresse qui rend parfois bien service aux étrangers en vadrouille.

Manger

BETH-CAFÉ,
Tucholskystr. 40, T 28 13 135.
Ouv. du dim. au jeu. de 12 h à 20 h.
De 2 à 13 € le plat.
Voilà l'une des meilleures adresses casher de Berlin, à proximité de la grande synagogue. L'ambiance et le service sont plutôt réservés. Plats de la cuisine juive traditionnelle comme le *tscholent* ou les poissons farcis. Vins et bières casher. En été, la belle cour intérieure reste une adresse secrète.

OREN,
Oranienburger Str. 28, T 28 28 228.
Ouv. du lun. au ven. à partir de midi, sam. et dim. à partir de 10 h.
De 6 à 15 €.
Une autre adresse de cuisine casher, avec d'excellents plats de poissons que l'on savoure dans un beau cadre moderne, avec beaucoup d'atmosphère. Cour intérieure en été.

STÄNDIGE VERTRETUNG (STÄV),
Schiffbauerdamm 8, T 28 23 965.
Ouv. tlj à partir de 11 h.
De 7 à 12 € le plat.
En allant y manger, on fait l'économie d'un voyage en pays rhénan. « Représentation permanente » était le nom donné aux ambassades des deux Allemagnes pour souligner leurs relations particulières. Le restaurant STÄV est entre les mains des Rhénans, un peuple joyeux avec une bonne cuisine de terroir, dont des spécialités comme le *Sauerbraten* (rôti de bœuf) ou le *Reibekuchen* (sorte de crêpe de pomme de terre) sont appréciées dans toute l'Allemagne. Il ne faut pas s'étonner de voir des politiques connus dans la salle : ils s'entretiennent avec les nombreux journalistes qui en ont fait leur deuxième bureau. La bourse aux informations dans la ville !

CAFÉ MIERSCHEID,
Reinhardtstr. 44, T 28 01 72 40.
Ouv. tlj à partir de 8 h, ferm. dim.
De 6 à 19 € le plat du jour.
C'est une sorte d'exportation de l'ancienne république de Bonn. Sur les bords du Rhin, le café était un lieu culte pour la gauche, qui s'y entretenait en terrain sûr. Mierscheid est le nom d'un député fictif, un fantôme parlementaire qui n'a jamais existé, mais qui faisait causer beaucoup. Ici, les journalistes se retrouvent entre eux et avec les stars de la politique allemande et étrangère. La cuisine est rhénane, les prix des cocktails à l'happy hour (entre 18 h et 21 h) sont relativement modérés, l'accès à Internet est gratuit.

PICCOLO,
Reinhardtstr. 37, T 28 04 73 23.
Ouv. du lun. au ven. de midi à 14 h, sam. à partir de 17 h, ferm. dim.
De 9 à 19 € le plat principal.
Ici, il y a de grandes chances que le voisin de table soit un politique (de n'importe quelle couleur). D'ailleurs, les murs du restaurant sont recouverts de leurs portraits, le photographe, Darchinger, étant aussi célèbre que ceux qui ont posé pour lui. La cuisine est créative, innovatrice, la carte change souvent, avec des prix moyens et plus élevés.

KARTOFFELKELLER,
Albrechtstr. 21, T 28 28 548.
Ouv. tlj à partir de 11 h. De 6 à 14 €.
La pomme de terre reste le plat préféré des Berlinois. Il n'est donc pas surprenant de trouver un restaurant qui lui est voué et propose plus d'une centaine de plats. Une adresse originale, même pour ceux qui ne sont pas férus de féculents, dans un cadre rustique et chaleureux. Les prix sont, pour un endroit proche du quartier du gouvernement, agréablement modérés. Il vaut mieux réserver.

KELLERRESTAURANT IM BRECHT-HAUS,
Chausseestr. 125, T 28 23 843.
Ouv. tlj, en été à partir de midi, en hiver à partir de 18 h. De 10 à 16 €.
Pour les inconditionnels de Brecht, c'est un must. Dans cette maison le couple Brecht-Weigel vécut ses dernières années. Comme l'actrice viennoise Hélène Weigel était une excellente cuisinière, on y sert des plats préparés à partir de ses recettes. L'aménagement du restaurant en sous-sol provient en partie du fonds du célèbre théâtre Berliner Ensemble,

où Brecht mit en scène ses pièces, et des appartements du couple.
En été, on peut dîner dans la cour intérieure, qui est très romantique. Réservation recommandée.

Estalgie

VERKEHRSBERUHIGTE OSTZONE,
Augusstr. 92, T 28 39 14 40.
Ouv. tlj à partir de 18 h.
Une authentique *Kneipe* pour les nostalgiques de l'Est, avec des meubles typiques de la RDA et les portraits de Honecker et Marx aux murs. La musique, elle, vient de l'Ouest. Prix modérés.

Boire un dernier verre

LORE BERLIN,
Neue Schönhauser Str. 20, T 28 04 51 34.
Ouv. tlj de 19 h à 4 h, en été
à partir de 21 h.
Avec 33 m, c'est le zinc le plus long de Berlin, installé dans une ancienne cave à charbon. Internet pour les boulimiques du surf et un long happy hour qui permet de tester le plus grand nombre des 350 cocktails qui font la réputation du lieu.

Hôtel Künstlerheim Luise

SOPHIEN 11,
Sophienstr. 11, T 28 32 136.
Ouv. tlj à partir de 17 h, sam. et dim.
à partir de 15 h.
Voilà une adresse idéale pour le soir, quand on n'arrive pas à décider si l'on a faim ou plutôt soif. Ce bar à vin (*Weinstube*) à l'ambiance chaleureuse fait depuis des années de la résistance, en tenant à l'écart le petite monde surexcité des « m'as-tu-vu » et de la branchitude régnant dans les Hackeschen Höfe toutes proches. Une petite carte permet de satisfaire sa faim ; celle des vins offre une trentaine de choix. Dans la courette charmante, il fait bon laisser s'écouler le temps.

EMIL,
Schumannstr. 15, T 55 97 454.
Ouv. du lun. au jeu. à partir de 15 h,
ven. et sam. à partir de 17 h, ferm. dim.
Un petit local dans une cave, avec connotation littéraire. Le célèbre romancier et auteur de livres pour la jeunesse Erich Kästner travailla, à ses débuts, comme assistant réalisateur au proche Théâtre allemand (Deutsches Theater). Parmi ses succès, *Émile et les détectives*, traduit et filmé maintes fois, dont l'histoire se déroule dans cette maison. C'est ici aussi que vécut le compositeur d'opéra Albert Lortzing (*Zar und Zimmermann*). Cette adresse sympathique est le rendez-vous des gens du théâtre voisin.

Dormir

HOTEL DER KATHOLISCHEN AKADEMIE,
Hannoversche Str. 5B, T 28 48 60,
fax 28 48 610. 100 € la ch.
Cet hôtel discret de l'Académie catholique, qui propose 40 chambres fonctionnelles et calmes, fut construit au début des années 1990 sur l'emplacement d'une ancienne usine de la RDA, près du tracé du Mur. Par beau temps, les voyageurs se retrouvent dans la grande cour. Les animaux sont admis.

HONIGMOND,
Invalidenstr. 122, T 28 10 077,
fax 28 10 078. À partir de 70 € la ch.
Ce petit hôtel se blottit dans une maison des années 1920 bien restaurée. Les 6 chambres donnant sur le jardin ouvert à la clientèle sont un vrai luxe.

KÜNSTLERHEIM LUISE,
Luisenstr. 19, T 28 44 80, fax 28 44 84 48.
À partir de 75 € la ch.
Une débauche de fantaisie caractérise les 32 chambres décorées et meublées différemment par de jeunes designers internationaux. C'est l'adresse obligée des artistes de passage. Les chambres 205 et 312, intitulées respectivement « Tree Stations of Meditation » et « Yellow », sont à conseiller pour un repos bien mérité. Deux cuisines aux étages sont à la disposition de la clientèle.

JOACHIMSHOF,
Invalidenstr. 98, T 20 39 56 100,
fax 20 39 56 199. À partir de 98 € la ch.
La direction est très attentive à la clientèle dans ce petit hôtel de 34 chambres, chaleureux dans son aménagement. Mini coin-cuisine pour quelques-unes.

Appartements

RESIDENZ AM DEUTSCHEN
Theater, Rheinhardtstr. 27.
Environ 100 €, selon la superficie.
Boardinghouse Mitte, Mulackstr. 1.
À partir de 70 €.
Ces deux adresses louent des appartements confortablement aménagés, même pour une nuit, avec ménage assuré tous les 8 jours. Renseignements et réservation au T 28 00 810.

Mitte Sud

Berlin

Dans aucun autre arrondissement de Berlin le souffle de l'Histoire n'est aussi palpable que dans ce quartier appelé *Mitte*, le « centre » de la ville, entre le Reichstag et la porte de Brandebourg à l'ouest, et la place Alexandre (Alexanderplatz) à l'est. Ici se croisent la rue commerçante, Friedrichstraße, et l'avenue de la flânerie par excellence, Unter den Linden. L'île des Musées (Museuminsel) regorge de culture, et c'est là que les nombreux visiteurs viennent, par exemple, admirer le célèbre autel de Pergame, qui comptait, dans l'Antiquité, parmi les merveilles du monde. La tour de télévision (Fernsehturm), sur l'Alexanderplatz, la petite sœur de celle de Moscou avec ses 365 m, était le deuxième bâtiment le plus haut d'Europe au moment de sa construction, en 1969. Paradoxe : aucun arrondissement ne compte autant de curiosités touristiques et ne fut autant la cible des destructeurs. Il abrite aussi le plus grand chantier européen : la Potsdamer Platz.

Haus des Lehrers

Découvrir

Entre Unter den Linden et Leipziger Straße

LE MUSÉE HUGUENOT,
Hugenotten Museum, Gendarmenmarkt.
Ouv. du mar. au sam. de midi à 17 h, dim. de 11 h à 17 h. Entrée : 1,50 €.
À la suite de la levée de l'édit de Nantes, l'électeur (*Kurfürst*) de Brandebourg Frédéric-Guillaume proclama l'édit de Potsdam, grâce auquel des milliers de protestants français en fuite trouvèrent une nouvelle patrie. Avec un bon pécule et une solide formation, ils constituèrent une couche sociale influente à Berlin et au Brandebourg jusqu'à la fin du XIXe siècle. Ils jouèrent un rôle important dans l'histoire, l'économie et la culture de la région. La cathédrale française (Dom), construite au début du XVIIe siècle, héberge un musée qui retrace le parcours des huguenots de la France à la Prusse. Des messes en français sont dites régulièrement le dimanche matin. De la tour, que l'on gravit à pied, on peut jouir d'un magnifique panorama sur la ville. Tous les jours à midi, 16 h et 19 h sonnent les 60 cloches du carillon.

UNE CURIOSITÉ,
Charlottenstr. 50.
La croix posée sur le rebord de la fenêtre gauche du premier étage, à côté de l'entrée de l'hôtel Dorint, surprend, car on ne soupçonne pas que cette partie, dans le même style que

Berlin

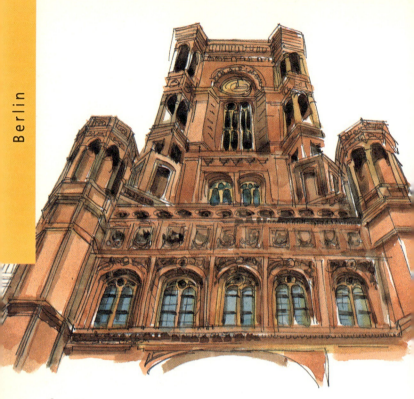

La mairie

l'hôtel rebâti en 1976, appartient à l'Église évangélique allemande qui occupe l'immeuble néoclassique d'à côté. En fait, c'était l'hôtellerie réservée aux invités de la CDU de l'Allemagne de l'Est. Aujourd'hui, les évêques siègent dans l'ancienne salle de réunion des politiques conservée presque telle qu'elle était, avec son sol en verre teinté de vert et son éclairage bleu pâle. La visite part de l'hôtel.

FRANZÖSISCHE STRAßE 7
En fait, il n'est pas nécessaire de manger à la table du célèbre Chez Borchardt pour admirer la splendide façade en terracotta rouge et en céramique verte qui surplombe la cour intérieure ; il suffit de franchir le porche du 47. Un ascenseur pur Jugendstil témoigne de l'élégance et du raffinement du lieu, qui est une échoppe de *Delikatessen* depuis 1853.

LE MUSÉE DE LA STASI,
Stasimuseum, Mauerstr. 38. Ouv. du lun. au sam. de 10 h à 18 h. Entrée libre.
Quarante années de machinerie dictatoriale du SED sont dévoilées dans cette ancienne école pour policiers. On y découvre des bocaux renfermant des mouchoirs porteurs d'empreintes olfactives d'individus non conformes au régime.

À LA VILLE DE HAMBOURG,
Die Stadt Hamburg, Mauerstr. 23.
Un habitant du quartier raconte que l'on n'avait pas le droit de demander à qui appartenait cette fastueuse maison blanche de style rococo, sous peine d'être immédiatement jugé suspect. Et d'ajouter : « J'ai pris l'habitude de ne pas me souvenir des noms ; c'était trop dangereux et, aujourd'hui, je n'ai plus que des chiffres dans ma tête. »
Depuis la réunification, au n° 23 se

trouve le siège de la ville de Hambourg, qui est aussi un *Bundesland* (comme Brême et Berlin).

LE MÉMORIAL DE L'AUTODAFÉ,
Mahnmal zur Bücherverbrennung, Bebelplatz.

Ce monument commémoratif est invisible de loin, puisqu'il se trouve sous le sol. À travers une vitre, en plein milieu de la place, on aperçoit une pièce souterraine meublée exclusivement de bibliothèques blanches aux rayons vides. C'est ici qu'eut lieu le premier autodafé, le 10 mai 1933, mené par les SA et les étudiants nationaux-socialistes. Environ 20 000 ouvrages de Sigmund Freud et d'Alfred Döblin partirent en flammes. L'idée du monument revient à l'artiste israélien Micha Ullman.

Entre Alexanderplatz et Berliner Dom

On a de belles perspectives sur l'ensemble de l'Alexanderplatz, mythique sous l'ère communiste, en prenant le tram S3 à partir de Hackescher Markt. La place fut dessinée en 1964 telle qu'elle est aujourd'hui, avec ses hauts bâtiments de 125 m qui, pour quelques-uns, ont été reconstruits au début des années 1990. On a aussi une belle vue depuis le dernier étage du foyer-bar du cinéma Cubix, qui, en plus, s'ouvre sur les deux églises du quartier, Berliner Dom et Sainte-Marie. Pour que le panorama soit complet, il manque la tour de la télévision, l'emblème du Berlin-Est. On peut la contempler presque secrètement depuis la bibliothèque du centre culturel hongrois, 9, rue Karl-Liebknecht.

KAUFHOF,
Ouv. du lun. au ven. de 9 h à 18 h, sam. de 9 h à 14 h.

La façade ressemblant à des écailles de poissons d'un blanc ivoire est celle de ce qui fut le grand magasin de Berlin-Est. L'intérieur, avec ses quatre étages, a été totalement refait et réaménagé. On y trouve des produits de tous les jours à des prix modérés, un espace jouets, avec un grand choix d'ours en peluche et d'objets décoratifs de Thuringe prisés avant Noël. Le coin restauration, au dernier étage, est clair et agréable, avec une cuisine traditionnelle et des pâtisseries allemandes, que l'on déguste sur place.

LA MAISON DES MAÎTRES,
Haus des Lehrers, Alexanderplatz, en face du Kaufhof, au coin de l'Alexanderstraße.

Le gouvernement de l'Est aimait ceindre les immeubles de frises monumentales, non pas par esthétisme, mais pour transmettre une idéologie. La frise colossale en émail, céramique et verre qui court sur l'imposant bâtiment de douze étages au nord de la place raconte le beau métier d'instituteur sous la RDA. C'est une des rares frises à avoir été conservée.

DÖBLIN
Des extraits du roman d'Alfred Döblin, *Berlin, Alexanderplatz*, courent sur les façades fraîchement ravalées des trois bâtiments (pur Plattenbau) au nord de la place. On est alors en 1929, l'auteur se plaint du froid glacial de l'hiver et regrette les chamboulements résultant de la construction d'une gare à proximité. Un texte presque actuel !

MARX-ENGELS-FORUM
Les statues de Karl Marx, assis, et Friedrich Engels, debout, semblent perdues sur ce vaste forum presque anachronique, proche de la Spree et de la cathédrale (Berliner Dom). Les deux personnages jouissent d'une vue parfaite sur la haute tour de télévision, érigée par la RDA en 1965. Sur la grosse boule d'acier se reflète, selon la météo, une croix, qui fâchait tout rouge les dirigeants.

LE PALAIS DE LA RÉPUBLIQUE,
Palast der Republik, Schlossplatz.

Les Berlinois seront-ils de nouveau partagés sur le sort qui sera réservé au somptueux palais de la République que les dirigeants de la RDA érigèrent en

1976 pour abriter la Chambre du Peuple (*Volkskammer*)? Les conservateurs voudraient le dynamiter et reconstruire en ce lieu le château wilhelminien qui fut la résidence impériale dès 1871. Cette guerre bon enfant se mène par l'intermédiaire des comités opposés. Il faut vite aller le voir, car ses jours seraient comptés. Mais il ne se visite que de l'extérieur.

LA CRYPTE DES HOHENZOLLERN,
Hohenzollerngruft, Karl-Liebknecht Str., angle Lustgarten.
Ouv. du lun. au sam. de 9 h à 19 h, dim. de midi à 19 h. Entrée : 4 €.
Depuis peu, il est de nouveau possible de descendre dans la crypte princière (*Fürstengruft*) de la cathédrale (Berliner Dom). Elle contient environ 90 sarcophages et tombeaux des membres de la famille régnante des Hohenzollern. Sous peu, il est prévu de rapatrier de Potsdam le cercueil d'Auguste Viktoria, l'épouse du dernier empereur. En revanche, l'empereur Guillaume II restera en Hollande, dans sa terre d'exil, selon ses volontés testamentaires.

Potsdamer Platz

C'est un lieu historique que plus rien n'évoque, un champ de ruines après la guerre, un *niemandsland* entre l'Est et l'Ouest pendant vingt-huit ans. Les dix dernières années, ce fut le plus grand chantier de la métropole réunifiée. Aujourd'hui, l'ensemble Daimler-Benz, avec ses gratte-ciel futuristes aux façades somptueuses, est le point culminant de la nouvelle architecture du Berlin réunifié ; le complexe Sony – dû à la germanophilie de son conseil d'administration – est une sorte de Club Med dans la ville. Les douzaines d'ours bariolés et roublards qui sont éparpillés sur les plates-bandes rappellent que l'on est bien à Berlin. On a du mal à s'imaginer que c'est en ces lieux (Potsdamer Str. 134) que Fontane vécut les vingt-cinq dernières années de sa vie, et qu'il y rédigea *Effi Briest*. Il dirait certainement, comme à la fin du roman : « Laissons cela... Voilà un trop vaste champ de méditation à explorer. ».

DAIMLER-CHRYSLER CONTEMPORARY,
Haus Huth, alte Potsdamer Str. 5,
T 25 94 14 20. Ouv. du mar. au dim. de 11 h à 18 h. Entrée libre.
La prestigieuse collection d'art contemporain Daimler-Chrysler se dissimule au quatrième étage de l'historique maison du marchand de vins Huth, construite en 1911 et qui est la seule dans tout le quartier à avoir survécu aux bombardements. Quatre expositions montrent chaque année une partie des 600 tableaux signés par les plus grands maîtres du moderne.

LE CAFÉ JOSTY,
Sony-Center, Bellevue Str. 1,
T 25 75 14 54. Ouv. tlj à partir de 8 h.
Sous le vélum du Sony-Center, le café Josty, avec sa grande terrasse conviviale au bord de la fontaine, reste discret. L'arrière-salle (à droite du grand bar) est la reconstitution de la salle du petit déjeuner de l'hôtel Esplanade, construit en 1908 et qui survécut à la guerre. Récupérée par Sony, démontée en 500 morceaux, puis installée au milieu des coulisses futuristes de la Potsdamer Platz, ce petit joyau d'architecture intérieure rappelle qu'ici il y eut un autre Berlin. C'est un lieu élégant pour faire une halte tranquille ou prendre un petit déjeuner (entre 10 h et 14 h, pour 9 €). Plus belle encore est la salle à manger néobaroque du même hôtel, récemment refaite. Sa Majesté Guillaume II avait coutume d'y passer ses soirées. Depuis février 2002, on peut y goûter aux mets préférés de l'empereur : pigeon farci au foie gras, soupe de racine de persil et sandre du Havel (mais compter 250 €).

LE MUSÉE DU FILM,
Film-Museum, Potsdamer Str. 2, Sony-Center. Ouv. du mar. au dim. de 10 h à 18 h, jeu. de 10 h à 20 h. Entrée : 4 €.
On y découvre l'histoire du film allemand présentée sous une forme originale et plaisante. Une exposition est consacrée à

Marlène Dietrich, avec de nombreux objets lui ayant appartenu, comme ces mots d'amour adressés par Édith Piaf : « N'oublie pas que je t'aime. »

« VERKEHRSAMPEL », FEU TRICOLORE DES ANNÉES 1930
Nostalgie sur la Potsdamer Platz, avec la reproduction du premier feu tricolore de la ville. Cette construction astucieuse ressemble à une tour à cinq faces ; sur chacune d'elles clignotaient les feux, rouge, orange et vert. Elles correspondaient aux cinq larges rues qui menaient sur la place la plus animée de Berlin.

Les loisirs

MASSAGES AYURVEDA,
Marlene-Dietrich-Platz 2, T 25 53 18 90. Ouv. du lun. au ven. de 6 h 30 à 22 h 30, sam. et dim. de 7 h 30 à 21 h.
Petits prix dans un grand hôtel et une vue qui stimule. Des grandes baies du Club Olympus Spa, au huitième étage de l'hôtel Hyatt, on profite d'un panorama époustouflant sur le centre de la ville. Dans une ambiance luxueusement feutrée, des massages ayurveda et des techniques de relaxation comme le qi gong y sont dispensés de 7 h à 21 h, pour des sommes qui ne feront rien regretter. Le massage d'une heure coûte 80 €.

CONCERTS,
église Sainte-Marie, Karl-Liebknecht-Str. 8, T 24 24 467 (sam. à 16 h 30).
Berliner Dom, am Lustgarten, T 20 30 92 101 (mer. à 18 h, gratuit).
Saint-Nicolas, Nikolaikirchplatz, T 24 72 45 29 (sam. à 16 h).
De magnifiques concerts d'orgue sont donnés à l'église Sainte-Marie, une des plus anciennes de Berlin. Très beaux concerts d'orgue également ou chorale sous le somptueux dôme de mosaïques de la cathédrale, dans un cadre néobaroque pompeux. Il faut se renseigner, car les horaires peuvent changer. On peut aussi écouter de la musique baroque chaque dimanche après-midi à Saint-Nicolas ; il est impératif de réserver ses places.

FLÂNERIE
AUX AFFAIRES ÉTRANGÈRES,
Auswärtiges Amt, Werderscher Markt 1. Ouv. du lun. au ven. de 8 h à 19 h, sam. et dim. de 11 h à 19 h.
Il fait bon flâner dans une des cours intérieures du ministère des Affaires étrangères, le seul ministère où le touriste peut se promener en toute impunité en Europe. Il s'agit de l'ancienne banque des nazis (Reichsbank), avec bois précieux et lustres colossaux. Les plafonds et les murs, les espaces monochromes du peintre Gerhard Merz, contrastent avec l'esthétique solennelle du vieux bâtiment des années 1930. Dans l'une des cours intérieures ouvertes sur l'extérieur, un établissement retient les curieux avec un excellent café, de bons gâteaux, ainsi que des jus de fruits et des bières. Des expositions thématiques tournent tous les mois.

HAUSVOGTEIPLATZ
On peut y goûter l'ombre sous les tilleuls, assis sur l'un des bancs installés en demi-lune autour de la fontaine chapeautée d'une couronne en bronze et reconstruite à l'authentique en automne 2001. Cette placette très tranquille non loin des ministères et de la presse forme un ensemble élégant. Elle est entourée de maisons cossues, dont certaines ont des portails Art nouveau de toute beauté. Sur la place Hausvogtei, les juifs berlinois avaient, au XIXe siècle, leurs ateliers de confection.

Les bonnes adresses

QUARTIER 206,
Friedrichstr. 71. Ouv. du lun. au ven. de 10 h à 20 h, sam. de 10 h à 16 h.
Dans la Friedrichstraße, reconstruite durant les années 1990 comme la

vitrine du luxe berlinois, il y a une adresse que la Berlinoise ne confie pas volontiers, surtout pas à sa copine : le sous-sol du Quartier 206. Toute l'année, on y brade jusqu'à 60 % les invendus des boutiques très chic qui occupent les deux étages du passage. Le détour vaut la peine, même si l'on ne s'intéresse pas à la mode. L'architecture intérieure imitant les années 1920, avec mosaïque vénitienne noir, bordeaux et blanc, est remarquable. Au deuxième étage, des fauteuils et tables basses sont placés autour des montées d'escaliers et invitent discrètement à une halte. On ne soupçonne pas, dans ces enfilades de la consommation reine, un minibar pour apaiser les petites faims et soifs. De là haut, les plus beaux clichés de ce qui ressemble à une cour intérieure sont garantis.

GALERIE MENSING,
Quartier 206. Ouv. du lun. au ven.
de 10 h à 20 h, sam. de 10 h à 16 h.
Cette adresse berlinoise renommée rassemble un nombre impressionnant d'œuvres d'artistes internationaux des trois derniers siècles. Les expositions de peintures ou de sculptures contemporaines méritent aussi qu'on s'y arrête.

GALERIES LAFAYETTE,
Quartier 207, Französische Str. 23.
Ouv. du lun. au ven. de 9 h à 19 h,
sam. de 9 h à 14 h.
Au sous-sol de ce temple de verre signé Jean Nouvel, dont l'immense entonnoir renversé reflète les produits les plus fins de la planète, se cache une petite librairie française très bien achalandée (elle n'ouvre qu'à 10 h). Elle rend grand service aux non-germanistes, avec des guides, des classiques allemands et de la littérature de chevet.

BÄRENSTARK,
Georgenstr. 201. Ouv. du lun. au ven.
de 11 h à 19 h, sam. de midi à 16 h.
Dans la ville des ours, le magasin fait regretter aux grands de n'être plus petits. Des ours de toutes sortes et un féerique minicarrousel des années 1920 ornent la vitrine.

BERLINER ANTIK MARKT,
Georgenstr. 192/194/200.
Ouv. du lun. au sam. de 11 h à 18 h.
Ce marché aux antiquités est une excellente adresse pour les collectionneurs de vases et de lampes, du début du siècle jusqu'aux années 1930.

GALERIE DU CENTRE CULTUREL DE HONGRIE,
Liebknecht Str. 9. Ouv. du lun. au sam.
de 10 h à 18 h. Entrée libre.
Le centre culturel de Hongrie et son voisin de Pologne organisent de très bonnes expositions de peintures et de sculptures d'artistes contemporains hongrois dans l'immense salle du rez-de-chaussée.
Depuis la terrasse du café HU, au premier étage, on jouit secrètement d'une magnifique vue. Service aimable, goulasch, *palatschinken* pour 3 €, et grand choix d'alcools blancs.

Souvenirs

UNTER DEN LINDEN 69D,
ouv. tlj de 9 h à 19 h,
jusqu'à 22 h en été.
Enfin une boutique de souvenirs sans les laideurs et le kitsch habituels. Dans cette galerie en plein milieu du majestueux boulevard Unter den Linden, on trouve des livres bien faits sur Berlin et des souvenirs originaux de bon goût.

Estalgie

LITTÉRATURE DE LA RDA,
Unter den Linden 6.
Ouv. tlj de 11 h à 18 h.
Ce majestueux palais construit pour le frère de Frédéric le Grand héberge depuis 1810 l'université Humboldt, du nom de son fondateur. Son livre d'or est impressionnant. Y enseignèrent Fichte, Hegel, Schelling, les frères Grimm, les scientifiques Koch, Planck, Einstein. Un élève fait de l'ombre aux autres : Karl Marx (1836-1841). Très vite rouverte en 1946, elle perdit de son éclat en imposant aux étudiants un apprentissage manuel. Les marchands ambulants de livres sont tou-

jours là, tous les jours, et leurs stocks de titres de la RDA sont loin d'être épuisés. Les prix sont restés petits. C'est une adresse appréciée par la nouvelle génération d'étudiants, qui y fait aussi des trouvailles en BD. Par ailleurs, la cafétéria, dotée d'un petit jardin sympathique, est ouverte à tous.

Services

HAARGENERATION,
Friedrichstr. 82, T 20 39 420.
Ouv. du lun. au ven. de 10 h à 20 h, sam. de 10 h à 16 h.
Dans ce salon Jugendstil, on se fait coiffer en haut, on attend en bas, au bar ou, dès la neige fondue, dans la minuscule cour intérieure, loin de tout bruit et de tout regard. Clientèle mixte, coupe à partir de 30 €, mais aussi massage shiatsu (60 €), maquillage (10 €) et pédicure (15 €).

EDEKA-MARKT,
S-Bahnhof Friedrichstr.
Ouv. du lun. au sam.
de 6 h à 22 h, dim. à partir de 8 h.
Pour les consommateurs allemands en général, le paradis se résume prosaïquement à un supermarché qui braverait les horaires rigides de fermeture ayant cours en Allemagne. La chaîne très connue Edeka est devenue le lieu de rencontre le plus cravaté qu'ait jamais connu une supérette : députés, hommes d'affaires, jeunes entrepreneurs s'y approvisionnent en toute tranquillité entre 6 h et 22 h. Ancien poste frontalier entre l'Est et l'Ouest, elle est située sur un lieu très fréquenté, dans le vaste hall de la gare de Friedrichstraße.

ENTSPANN BAR,
Friedrichstr. 95, T 20 96 28 28. Ouv. tlj à partir de 18 h. 12 € le soin de 15 mn.
Un soudain mal de tête ? Alors, vite au bar de relaxation, qui soulage par des massages bienfaisants de la tête et de la nuque avec utilisation d'huiles essentielles, comme celle de théier.

Manger

AIGNER,
Französische Str. 25, T 20 37 51 850.
Ouv. tlj à partir de midi.
De 16 à 24 € le plat principal.
L'intérieur Art nouveau provient d'un ancien café de la capitale autrichienne du début du siècle. Le poêle est particulièrement beau. La cuisine est à l'avenant du décor, dans la tradition de la ville impériale. À la carte, on trouve quelques plats inventifs, comme les calmars cuits dans une sauce à base d'olives. À la belle saison, on peut manger ou simplement se désaltérer sous les arcades, avec vue directe sur la Gendarmenplatz, la plus belle place de Berlin et, peut-être, d'Europe.

NÖ-WEINGALERIE UND CAFÉ,
Glinkastr. 23, T 20 10 871.
Ouv. tlj à partir de midi,
sam. à partir de 19 h, ferm. dim.
Environ 8 € le plat.
Dans cette ancienne imprimerie au décor des années 1920, on prend le pouls des nouvelles tendances gastronomiques berlinoises en accordant plus de place aux vins. Les bouteilles tapissent entièrement les murs de la première salle. Tables et tabourets rustiques sont là pour l'ambiance, la cuisine est moderne et légère, l'accueil chaleureux.
Par beau temps, quelques places sont disponibles sur le trottoir.

ZUM THÜRINGER,
Mohrenstr. 64, T 22 48 71 00.
Ouv. du lun. au ven. à partir de 11 h.
Beaucoup d'organes de presse internationaux sont installés dans les anciens bâtiments administratifs de l'Allemagne de l'Est. Les journalistes et les employés des ministères alentour se régénèrent dans l'agréable restaurant de la maison de Thuringe, reconstruite en 1997. Le repas est rustique avec, par exemple, des saucisses grillées sur pommes de terre à la poêle (6 €), accompagnées d'une bière de Thuringe (Köstritzer). Quelques tables sont dressées sur le trottoir de ce carré très tranquille.

Estalgie

BRÄUSTÜBL,
Mohrenstr. 6, T 22 99 436.
Ouv. tlj midi et soir.
Ce restaurant n'a rien changé à son décor en fer forgé depuis que Honecker et ses invités ne viennent plus. La cuisine berlinoise et brandebourgeoise apaise même les plus grosses faims : boulettes servies avec un œuf au plat sur des pommes de terre poêlées (6 €), rôti de bœuf et jarret de porc, *Sauerbraten* et *Eisbein* (7 €). En semaine, un menu composé de deux plats est servi pour 5 €. L'immeuble datant de 1890 est classé ; il fait de la résistance dans ce quartier devenu le siège des banques et des assurances.

ZUM FERNFAHRER,
Wassergasse 1, T 27 93 736.
Ouv. du lun. au ven. de midi à minuit, sam. de 11 h à 16 h.
Une authentique *Eckkneipe* dans l'ancien Berlin-Est, et une des rares adresses à avoir été privée. Sa clientèle d'alors, les hauts fonctionnaires des administrations environnantes, ne vient plus. L'endroit est fréquenté par les nouveaux Berlinois qui ont choisi de s'installer dans les belles maisons cossues du début du siècle ou des années 1920 de ce quartier historique de la ville, un des premiers à avoir été restauré après la chute du Mur. Cuisine berlinoise sans chichi, mais bonne, des prix modérés, un accueil chaleureux prodigué par les gérants, qui aiment parler littérature.

Dormir

DORINT,
Charlottenstr. 50, T 20 37 50,
fax 20 37 51 00. À partir de 180 € la ch.
Bien que situé au bord de la place la plus touristique, le Gendarmenmarkt, ce nouvel hôtel est un havre de sérénité avec ses 92 petites chambres et suites où le luxe se conjugue avec le petit détail. Ambiance zen, excellent petit déjeuner. Aux Français, on attribue volontiers les chambres avec vue sur la cathédrale française.

**HÔTEL MERCURE
& RESIDENZ BERLIN,**
Schützenstr. 11, T 20 63 20,
fax 62 78 02 72.
À partir de 150 € la ch.
C'est une adresse qu'il faut chercher ou que l'on découvre en déambulant autour du tracé du Mur, pas très loin de l'historique Checkpoint Charlie. Situé dans un dédale d'arrière-cours multicolores, l'hôtel récemment ouvert abrite 85 chambres fonctionnelles de différentes tailles. Le petit déjeuner peut être pris dans la cour intérieure ; il est servi aussi aux non-résidents, pour la somme de 14 €.

Estalgie

UNTER DEN LINDEN,
Unter den Linden 14, T 23 81 10,
fax 23 81 11 00,
www.hotel-unter-den-linden.de,
reservation@hotel-unter-den-linden-de.
À partir de 50 € la ch. double.
Là où l'on s'y attend le moins, un petit coin de RDA perdure, au croisement des rues prestigieuses avenues Unter den Linden et Friedrichstraße. Cet ancien hôtel de prestige construit en 1966 a été remis au confort du jour. Il constitue une adresse idéale pour ceux

qui se déplacent à pied. Les grands lustres dispensent une lumière mate sur le sol de marbre noir.

DAS WESTIN HOTEL,
Friedrichstr. 158, T 20 27 34 20, fax 34 19. À partir de 260 € la ch.
Le Grand Hôtel, avec 358 chambres, fut la carte de visite de la RDA et, surtout, son premier pourvoyeur de devises. Il a changé de nom en 1996 et est devenu une des grandes adresses de la capitale. On a conservé l'essentiel de l'intérieur baroque, avec ses lustres, ses balustrades, et, surtout, on n'a pas touché à l'escalier gigantesque et mythique qui dessert les six étages. À voir, en dégustant un café dans le lobby.

FOUR SEASONS,
Charlottenstr. 49, T 20 338, fax 20 33 61 66. À partir de 160 €.
Cet établissement luxueux est représentatif du nouveau Berlin : beaucoup de patine, mais pas d'histoire, une sorte de Disneyland. L'ambiance bourgeoise classique magnifiquement mise en scène est signée de l'Américain Kleihues.

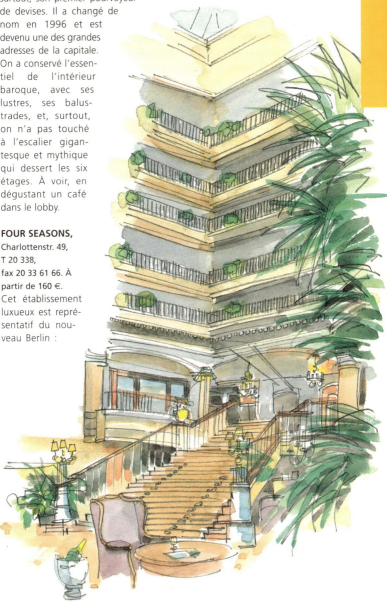

Hôtel Westin

Tiergarten

Avec une superficie de 200 ha, le Tiergarten – étonnant parc, immense dans la ville – a donné son nom à l'arrondissement. À l'origine (au XVIIIe siècle), il fut programmé pour séparer l'élégant Charlottenburg du prolétaire Wedding. Aujourd'hui encore, la différence est palpable. Au sud de la Spree, on peut voir les nouvelles ambassades, rivalisant de zèle architectural, et le château Bellevue, ancienne résidence des Hohenzollern devenue le siège officiel du président de la République. Depuis plus de dix ans, le Tiergarten est associé à la Love Parade, à laquelle prennent part un million de jeunes qui tiennent la ville en haleine pendant tout un week-end de juillet. Enfin, le vrai parc zoologique – *Zoo*, comme disent les Berlinois – se situe aussi dans le quartier de l'ancien Berlin-Ouest.

Découvrir

LA NOUVELLE CHANCELLERIE FÉDÉRALE,
das Neue Bundeskanzleramt,
Willy-Brandt-Str. 1.

Là où la Spree forme une belle boucle, la nouvelle chancellerie, tout en transparence, avec ses 102 m de large relie symboliquement l'est et l'ouest de la ville. Les formes claires et géométriques ont toutefois une splendeur et une élégance presque orientales. Le bâtiment se visite lors des journées du patrimoine ; et, comme les Allemands adorent savoir où passent leurs impôts, ce jour-là, le Tout-Berlin s'arme de patience, muni de chaises pliantes, de sandwichs et du passeport pour visiter le bureau du chancelier.

BERLIN
C'est le nom donné à la monumentale sculpture en fer rouillé réalisée par le célèbre forgeron basque espagnol Eduardo Chillida. Elle se trouve devant l'entrée principale du Kanzleramt. Deux bras qui, dans un geste voluptueux, se touchent et s'enlacent presque évoquent l'idée de partition et de réunification après des décennies de guerre froide.

LE MÉMORIAL DE LA RÉSISTANCE ALLEMANDE,
Gedenkstätte Deutscher Widerstand, Stauffenbergstr. 13-14. Ouv. du lun. au ven. de 9 h à 18 h, sam. et dim. de 10 h à 18 h. Entrée libre.

Dans ce monumental bâtiment administratif au bord du Landwehrkanal siégeait le haut commandement de la Wehrmacht. Et c'est

Hamburger Bahnhof

précisément dans ces murs que germa la cellule de résistance la plus dangereuse pour le régime nazi. De nombreux militaires, et parmi eux de hauts gradés, décidèrent, avec la complicité de cercles religieux et de politiques sociaux-démocrates et conservateurs, de renverser Hitler. Après l'attentat du 20 juillet 1944 contre le Führer, quelque 7 000 personnes furent arrêtées, et des dizaines exécutées, pour la plupart au bord du Plötzensee. L'instigateur du complot, Graf von Stauffenberg, fut abattu dans la cour du bâtiment, en vertu de la loi martiale.
Une exposition remarquable retrace les événements.

LE MÉMORIAL DE PLÖTZENSEE,
Am Hüttigpfad. Ouv. tlj de 9 h à 17 h.
Entrée libre, pas de visite guidée.
Un peu retiré dans le quartier industriel du Westhafen, derrière un grandiose mémorial, on découvre l'ancien lieu d'exécution : une grange en briques, où furent exécutées, par pendaison ou guillotine, environ 2 500 personnes sous le régime nazi. Des documents sur les murs du lugubre bâtiment relatent certains destins tragiques. Parfois, une petite blague sur le lieu de travail conduisait à une arrestation, qui pouvait mener à Plötzensee...

LE CHANTIER DE LA GARE CENTRALE,
Lehrter Zentralbahnhof, S-Bahnhof Lehrter Stadtbahnhof.
C'est le plus grand chantier de la capitale, qui demandera encore des années de travaux. Le cours de la Spree fut même un moment dévié. En 2006, trains régionaux et de longues distances partiront et arriveront sur cinq niveaux.

LE MUSÉE D'ART CONTEMPORAIN DE LA GARE DE HAMBOURG,
Hamburger Bahnhof, Invalidenstr. 50/51.
Ouv. du lun. au ven. de 10 h à 18 h,
jeu. jusqu'à 20 h,
sam. et dim. de 11 h à 18 h. Entrée : 5 €.
Inaugurée en 1847, la gare fut fermée en 1884 et transformée en musée. On pense à la gare d'Orsay en visitant ce musée consacré à l'art contemporain, réouvert depuis 1996. Les passionnés d'Anselm Kiefer (*Ohne Titel*, 1983), les amateurs de Joseph Beuys (*Richtkräfte*, 1974-1977) ou de Rauschenberg sont particulièrement choyés par les mises en scène théâtrales des toiles et des œuvres d'art. On peut aussi y voir des Andy Warhol, Keith Haring, John Cage, Jeff Koon, etc. Les installations lumineuses vert-bleu de Dan Flavin courent magiquement sur toute la façade.

L'ASSASSINAT DE ROSA LUXEMBURG ET DE KARL LIEBKNECHT,
Landwehrkanal, Lützowufer.
L'empereur était déchu, la république proclamée, Berlin était en ébullition. En janvier 1919, Rosa Luxemburg et Karl Liebknecht, des dirigeants du groupe communiste Spartakus sont arrêtés dans la Mannheimer Straße, à Wil-

La nouvelle chancellerie fédérale

mersdorf. Ils furent rapidement exécutés sur la berge du Landwehrkanal (juste derrière l'hôtel Intercontinental), puis jetés à l'eau. Une plaque commémorative rappelle cet événement.

LA MAISON NATALE DE TUCHOLSKY,
Lübecker Str. 13.

« Berlin associe les inconvénients d'une grande cité américaine avec ceux de la province allemande » : c'est l'une des nombreuses remarques caustiques de l'écrivain allemand Kurt Tucholsky. Dans les années 1920, il travailla à Paris comme correspondant de la presse écrite ; il y rédigea, entre autres, son célèbre livre sur les Pyrénées (*Pyrenäenbuch*). Dans ses écrits, très tôt et avec passion, il n'eut de cesse de mettre en garde contre la dictature menaçante. Quand, en 1933, ses livres furent brûlés publiquement (voir « Mitte Sud »), il s'exila en Suède. Vainement, comme son collègue Erich Kästner le formula si bien, il aura voulu empêcher une catastrophe avec sa machine à écrire. En 1935, il se donna la mort.

LA COUR D'ASSISES,
Kriminalgericht Moabit, Turmstr. 91.

Le tribunal compétent pour les procès criminels fut le théâtre de grands débats judiciaires qui sont restés dans les annales. Il fut inauguré sous Guillaume II, et il plut tant à l'empereur du Japon qu'il en fit construire une copie à Tokyo. La façade côté rue est imposante (200 m de largeur et 30 m de hauteur). Le tribunal est relié par des couloirs souterrains à la maison d'arrêt. Une des caves, fermée à double tour, abrite la dernière guillotine – bien empaquetée et dans un état irréprochable –, qui, depuis l'abolition de la peine de mort en 1949, ne sert plus à rien.

Les loisirs

SE PRÉLASSER
SUR LE PONT AUX LIONS

Le Löwenbrücke se trouve au sud-ouest du Tiergarten, près du Neuer See. Deux couples de lions en fonte portent dans leur gueule les extrémités d'un petit pont en bois. Il fut édifié en 1838, et sa construction est spectaculaire pour l'époque.

BAVARDER DANS LA MAISON DE LA LITTÉRATURE,
un peu en retrait de la Fasanenstraße (n° 23), rue réputée pour ses boutiques luxueuses. Ouv. tlj de 9 h 30 à minuit.

Dans un jardin romantique avec des amis, on peut bavarder en sirotant un café au lait ou en dégustant un petit plat sous les hauts plafonds en stuc de la pompeuse villa de style wilhelminien (Gründerzeit), appelée Maison de la Littérature (Literaturhaus). Tendance cosmopolite, fine cuisine du Sud servie dans le jardin d'hiver et, bien sûr, une librairie.

ÉCOUTER
DE LA MUSIQUE ANCIENNE,
Musikinstrumenten-Museum, Tiergarten 1. Réservation du mar. au dim. de 10 h à 17 h (T 25 48 11 78) ou achat sur place
1 h avant les concerts. 10 €.

Dans ce musée ont lieu de magnifiques concerts de musique ancienne les samedis et dimanches à 11 h, avec des instruments à vent historiques. C'est une adresse exceptionnelle pour les mélomanes. Un mercredi sur deux, à 15 h 30, il y a des prestations gratuites des talents prometteurs des écoles de musique de Berlin.

BARBECUE,
Spreeweg 1, devant le siège
de la présidence allemande.

C'est en toute impunité que les familles turques organisent en fin de semaine de joyeux barbecues devant le château Bellevue, ancienne résidence des Hohenzollern (fin du XVIIIe siècle) et celle du président aujourd'hui. À la faveur de l'interdit prononcé par les Alliés refusant à l'Allemagne tout acte d'État – le château perdit toute signification politique –, les pique-niqueurs envahirent tranquillement la belle pelouse. Lors de la réinstallation du gouvernement à Berlin, aucun politique n'a osé priver une partie de la population berlinoise de sa prairie à grillades tant aimée.

THÉÂTRE POPULAIRE HANSA,
Volkstheater Hansa, Alt-Moabit 48,
T 39 90 99 09. Représentations du mer. au sam. à 20 h, dim. à 16 h.
Billets en vente 1 h avant. De 20 à 28 €.

À l'origine, ce théâtre était la salle de spectacles d'une brasserie. Depuis 1963, il est renommé pour ses pièces populaires sur Berlin. L'endroit est idéal pour se faire une idée de « l'âme nationale » (*Volksseele*), et nulle part ailleurs on ne peut aussi bien approcher la mentalité berlinoise.

BALADE
LE LONG DU LANDWEHRKANAL

Un sentier modestement aménagé le long du canal, qui clôt dans sa partie sud le quartier diplomatique et où la nature a encore conservé ses droits, conduit le promeneur de la Galerie nationale au jardin zoologique. En chemin, on peut admirer la magnifique villa blanche de style néo-Renaissance, datant de 1862. Elle porte toujours le nom de son propriétaire d'antan, le banquier Freiherr von der Heydt. De son passé mouvementé et des ruines de la dernière guerre, il n'y a plus aucune trace. Les travaux de reconstruction s'étalèrent sur cinq années ; en 1980, une fondation historico-culturelle (Stiftung Preussischer Kulturbesitz) y trouva son siège et assume les coûts de maintenance. L'entrée se situe au 18 von der Heydt-Straße.

En poursuivant vers l'ouest le sentier qui longe le canal, on peut faire une halte rafraîchissante et revigorante à l'agréable cafétéria (ouv. tlj sauf mar. de 9 h à 17 h) du musée Bauhaus, appelé officiellement Bauhaus-Archiv, puisqu'il fut bâti pour accueillir les archives du mouvement éponyme. Cette construction assez récente (1978) tient compte des plans élaborés en 1964 par le fondateur du mouvement, Walter Gropius.

Le long de la Corneliusstraße, la berge est aménagée. Des bancs invitent au farniente et deux établissements per-

Le marché aux puces

mettent de faire une pause au bord de l'eau. Oscar's (au n° 7, ouv. tlj de 11 h à 15 h) est surtout un restaurant; ses murs jaunes reposent des colonnes rouge foncé et des gros carreaux blancs et noirs du sol de la grande salle. Son brunch dominical est une adresse encore peu connue, le quartier diplomatique se vidant le week-end. Le Café Zappatto (au n° 9, ouv. tlj de 11 h à 20 h) a des airs hispanisants; les gens du coin y viennent boire un verre, lire les journaux ou, tout simplement, faire bronzette l'après-midi, loin des flots de touristes.

Les bonnes adresses

AVE MARIA,
Potsdamer Str. 75. Ouv. du lun. au ven. de midi à 19 h, sam. de midi à 15 h.
Il n'est pas nécessaire de croire en Dieu ni en ses saints pour être emballé par ce magasin voué aux choses sacrées du christianisme. Il existe depuis sept ans, parce que son propriétaire trouvait qu'il était devenu facile d'acheter un bouddha, mais compliqué de se procurer un christ. Kitsch et art se côtoient harmonieusement. Par ailleurs, le patron est un fin connaisseur de l'encens; il fait venir sa résine d'Asie, et il prépare discrètement un petit mélange selon l'aura du client...

MARCHÉ AUX PUCES,
Flohmarkt, Straße des 17 Juni.
Ouv. de 10 h à 17 h.
Les Berlinois ne boudent pas ces puces professionnelles du week-end, qui débutent à partir de la gare S. Tiergarten. Elles sont, de loin, les plus intéressantes de tout Berlin pour qui recherche une belle chose. Le stand de Karin Reimann, à proximité de la cabine téléphonique, fait ainsi le plaisir des amoureuses de tables dressées à l'ancienne, de vêtements ou d'objets du passé, comme ces ombrelles ravissantes amidonnées.

LES MEILLEURS CROISSANTS,
S-Bahn-Bögen Bellevue, Flensburger Str.
Ouv. du lun. au ven. de 7 h à 16 h, sam. de 7 h à 14 h.
Environ 0,50 € le croissant.
Les meilleurs croissants de Berlin s'achètent au kiosque turc de la gare Bellevue. Les croissants furent inventés à la suite d'une victoire sur les armées turques devant les portes de Vienne. En signe de remerciement, les boulangers de Budapest et de Vienne auraient fabriqué des pâtisseries en forme de demi-lune, le symbole de l'Empire ottoman. Et voilà qu'un boulanger turc conquiert le Berlin prussien avec des croissants!

BUCHWALD,
Bartningallee 29, T 39 15 931.
Ouv. tlj de 10 h à 18 h.
Depuis cent cinquante ans, la pâtisserie Buchwald (quartier nord Moabit), fournisseur des Hohenzollern, fabrique et vend le fameux *Baumkuchen*, qui n'a rien à voir avec notre bûche de Noël, si ce n'est la forme. 100 g coûtent 3 €. Par beau temps, les quelques tables dressées dans le jardinet plein de charme sont vite prises d'assaut par les habitants du quartier. Pour s'y rendre à pied, un chemin enchanteur longe la Spree à partir du château Bellevue.

GALERIE CORNELIUS,
Corneliustr. 3, T 25 75 98 06.
Ouv. du mar. au ven. de 11 h à 18 h 30, sam. de 10 h à 16 h.
Au bord du canal Landwehr, dans une paisible rue pavée bordée de maisonnettes, cette nouvelle galerie a l'exclusivité des originaux de Cristo et se consacre entièrement à l'art abstrait.

Manger

AM KARLSBAD,
am Karlsbad 11, T 26 45 349.
Ouv. tlj sauf dim. et lun. De 17 à 26 € le plat du jour, 30 € le menu du midi.

On y déguste une cuisine méditerranéenne raffinée, avec des accents italiens. Le vitello tonnato passe pour le meilleur de la ville. La cour intérieure, calme et agrémentée de verdure, forme un superbe écrin à ce restaurant élégant. En soirée, les prix sont assez élevés, mais le déjeuner est très abordable.

JOSEPH ROTH DIELE,
Potsdamer Str. 75. Ouv. de 10 h à 20 h.
Des amoureux de Joseph Roth viennent d'ouvrir un café littéraire pour réparer un oubli dans les lieux commémoratifs de la ville où il vécut et travailla aussi comme journaliste. Dans la salle, on remarquera en beau sol de marbre des années 1920. On y trouve petits plats salés et sucrés, vins de pays, journaux ; revues et expositions rendent hommage au maître.

BEGINE,
Potsdamer Str. 139. Ouv. tlj de 17 à 23 h.
Les adresses réservées exclusivement à la gent féminine n'ont plus la cote à Berlin. Celle-ci, à la fois bistrot et bar, est un des rares lieux de convivialité où seules les femmes sont admises. Dans une atmosphère chaleureuse, elles discutent au bar ou autour de petites tables noires, lisent les journaux, célèbrent un des bons vins de la cave. La cuisine – largement végétarienne – est faite à base de légumes bio de la région et les salades sont préparées avec beaucoup de soin. Compter 8 € pour le copieux plat du jour. Ici, on distribue gratuitement le mensuel *Blattgold*, consacré aux informations politiques, culturelles, sociales et aux événements créés dans la capitale par des femmes pour les femmes. Il contient également de nombreuses adresses pour les lesbiennes.

---

holiday autos
you drive us

pour louer votre voiture...

holiday autos, 1er courtier mondial en location de voitures pour les loisirs, vous propose une formule simple négociée auprès des grands loueurs.

vous bénéficiez :
- De prix tout compris en euros.
- De prix compétitifs garantis par le remboursement de la différence.
- De la zéro franchise en cas d'accident ou de dommages au véhicule.
- D'un large choix de véhicules sur plus de 87 destinations dans le monde.

Découvrez en toute liberté les nombreuses richesses et curiosités de Berlin : l'Alexandersplatz, la fameuse tour de la télévision, l'horloge universelle Urania ou Tiergarten, mais aussi les environs : Postdam, Babelsberg,...

pour tout renseignement ou réservation :
- Connectez-vous sur notre site web www.holidayautos.fr.
- Appelez notre centrale de réservation au 01 45 15 38 68, du lundi au vendredi de 9 h à 19 h et le samedi de 9 h à 18 h.
- Ou réservez dans une agence de voyages agréée.

Charlottenburg

À l'époque du Mur, tout le monde se précipitait à Charlottenburg. On y trouvait les boutiques de luxe et les galeries de grand renom, on dînait dans les meilleurs restaurants. Ces dernières années, Berlin-Mitte lui fait sérieusement de l'ombre, voire de la concurrence : l'élégant Charlottenburg est boudé par la nouvelle génération des milieux branchés, ce qui lui confère sans aucun doute un charmant petit côté démodé. Il séduit pourtant les flâneurs, qui s'éloignent un peu du Ku'damm, de la Kantstraße et de la Savignyplatz. En été, les places ont un petit air d'Italie. En outre, le château des rois prussiens entouré de son splendide parc, la collection Berggruen, de renommée internationale, le Musée égyptien, qui héberge le célèbre buste de Néfertiti, la Joconde berlinoise, restent des valeurs sûres, en dehors des modes. Au parc des Expositions se tenaient, déjà au temps du Mur, les plus grandes foires allemandes, qui, elles, n'ont pas pris une ride.

Découvrir

LA MAIRIE,
Standesamt, Alt-Lietzow 28.
Ouv. du lun. au ven. de 10 h à 14 h, sam. de 10 h à midi.
La Maison des Mariages hébergée dans la magnifique Villa Kogge est l'une des plus belles que la ville de Berlin puisse offrir aux futurs couples. Elle est aussi le seul témoignage original des nombreuses maisons de maître datant du milieu du XIXe siècle. Les quatre façades sont ornées de colonnes, de frises, de motifs ; celle qui donne sur le jardin semble émerger magiquement d'une roseraie. Dans ce site idyllique, quoique situé à quelques minutes de la bruyante place Richard-Wagner, les bancs en fonte sollicitent le passant, subjugué par l'harmonie du lieu.

LA MAISON D'ALFRED DÖBLIN,
Kaiserdamm 28.
Un seul roman, *Berlin, Alexanderplatz*, couvrit de gloire le neurologue et psychiatre Alfred Döblin, qui exerçait dans son cabinet de Kreuzberg (voir « Mitte Sud »). Le succès littéraire aidant, il emménagea dans une élégante villa au portail magnifique, dans le quartier aisé du Kaiserdamm. Il fuit l'Allemagne peu après la prise du pouvoir par Hitler ; il s'exila en France et aux États-Unis, puis il rentra au pays à la fin de la guerre et mourut en 1957. Il est enterré dans le petit village vosgien d'Housseras.

LA MAISON DE ROBERT KOCH,
Kurfürstendamm 52.
Koch passe pour le père de la bactériologie avec ses découvertes des bacilles

de la tuberculose et du choléra. En 1905, il fut lauréat du prix Nobel de médecine. La même année, il s'installa dans un appartement au 52 Kurfürstendamm, un immeuble de belle facture de style wilhelminien (que l'on appelle en allemand *Gründerzeit*).

**SUR LES TRACES
DE JOSEPH ROTH,**
Kurfürstendamm 15.
L'auteur viennois Joseph Roth travaillait sans trêve ni repos comme correspondant de la presse écrite autrichienne pendant les années 1920, appelées « années dorées » tant Berlin était alors à son apogée. Il déménagea souvent, et il aimait s'attarder au café Mampe-Stuben du Ku'damm, fermé depuis quelques années. C'est ici qu'il termina son œuvre peut-être la plus célèbre, *La Marche de Radetzky*.

Les loisirs

L'AQUARIUM,
Budapester Str. 32.
Ouv. tlj de 9 h à 18 h 30, 17 h en hiver.
Entrée : 12 €, zoo compris.
Des coraux luisants, des piranhas affamés, des méduses ondulantes et, surtout, un nombre incroyable d'espèces de requins nous transportent en imagination dans un film effrayant de Steven Spielberg…

**CROISIÈRE
SUR LA SPREE
ET LE LANDWEHRKANAL**
La seule façon d'appréhender rapidement la ville, ses espaces verts, ses étendues d'eau, c'est de faire cette croisière de trois heures et demie en suivant la boucle formée par la Spree et le canal qui traverse le sud du Tiergarten et une grande partie de Kreuzberg. Il est préférable de prendre le bateau au départ, à Charlottenburg, à partir du Schlossbrücke. Se renseigner auprès des offices de tourisme sur les horaires de départ, qui sont changeants.

Les bonnes adresses

KÖNIGSBERGER MARZIPAN WALD,
Pestalozzistr. 54A, T 32 38 254.
Ouv. du mar. au ven. de 14 h à 18 h,
sam. de 11 h à 14 h.
On y trouve la meilleure pâte d'amande du monde, assurent les amateurs ; elle fond dans la bouche comme nulle part ailleurs. Ici, on ne vend que des marzipans fabriqués maison depuis quarante ans. L'odeur de l'amande parfume cette minuscule boutique qui ressemble à une maison de poupée.

LINDENBERG,
Morsestr. 2. Ouv. du lun. au ven. de 8 h à 19 h, sam. de 8 h à 14 h.
La réputation de ce traiteur n'est plus à faire parmi les restaurateurs, qui viennent s'approvisionner de bonne heure en *Delikatessen* en tout genre. Entre 10 h et 14 h, l'accès est libre aux non-professionnels. Le dépôt, en cent ans, a pris l'aspect d'un supermarché qui se dissimule dans une banale arrière-cour. Choix très intéressant de schnaps.

LA BOUTIQUE DE LA CUISINE,
Der Küchenladen, Knesebeckstr. 26.
Ouv. du lun. au ven. de 11 h à 19 h,
sam. de 10 h à 16 h.
L'endroit est petit, mais plein à craquer. Les perfectionnistes de la cuisine y trouvent depuis vingt-six ans leur bonheur : du moulin à poivre Peugeot aux moules à pâtisseries de Noël et à pains, en passant par toutes sortes de cuillères en bois non traité. Le tout est présenté sur d'antiques cuisinières, dignes des musées.

LA BOUTIQUE DE L'EAU,
Der Wasserladen, Bleitreustr. 3.
Ouv. du lun. au ven. de 11 h à 19 h 30, sam. de 10 h à 16 h.
Les Allemands ne se soucient pas que de forêts et d'air pur, ils s'intéressent aussi à leur eau. D'une façon prosaïque, en améliorant sa qualité, et d'une façon ludique, sous forme de

fontaines. Trois hommes dirigent ce temple de l'eau mis au goût du jour ; tendance Feng Shui assurée.

ZWEITAUSENDEINS (2001),
Kantstr. 41.
Ouv. du lun. au ven. de 11 h à 20 h, sam. de 10 h à 16 h.
Les prix défient toute concurrence chez cet éditeur qui propose, dans ses points de vente, livres d'art, œuvres complètes d'écrivains et musiciens. L'œuvre de Mozart en 40 CD coûte 51,10 €, la plus grande collection de poésie surréaliste 24 €, les œuvres complètes de Goethe (35 000 pages sur CD-Rom) 19,95 €...

L'ÉGYPTIEN,
Der Ägypter, Kantstr. 26.
Ouv. tlj sauf lun. de 18 h à 1 h.
10 € le plat végétarien.
C'est une adresse originale que cette galerie égyptienne qui fait aussi restaurant, et propose de beaux bijoux en argent du nord de l'Afrique.

STILWERK,
Kantstr. 17.
Ouv. du lun. au ven. de 10 h à 20 h, sam. de 10 h à 16 h, dim. de 14 h à 18 h.
Comment vont se meubler les Berlinois les prochaines années ? Sur cinq étages, un nouveau centre de l'ameublement en donne un aperçu version luxe, avec fortes tendances nostalgiques pour les années 1920, quand Berlin était brillante.

Manger

MARJELLCHEN,
Mommsenstr. 9, T 88 32 676.
Ouv. tlj sauf dim. à partir de 17 h.
De 10 à 22 € le plat principal.
C'est l'adresse parfaite pour goûter à la *Gemütlichkeit*, ce fameux confort douillet allemand. Un voyage dans le passé de l'est de l'Allemagne qui, aujourd'hui, fait partie de la Russie et la Pologne. « Marjellchen » était le nom donné aux filles de l'est de la Prusse. On mange là des plats ruraux, plutôt lourds, que l'on arrose à la fin d'un bon schnaps. Il faut absolument réserver.

SPREE-ATHEN,
Leibnitzstr. 60, T 32 41 733.
Ouv. du lun. au sam. à partir de 18 h.
De 12 à 18 € le plat principal.
Spree-Athen fut le surnom de Berlin. Ici, le repas et l'ambiance sont à l'avenant du vieux Berlin sous le Kaiser. Nous conseillons aux gros appétits le menu de 6 plats pour 45 €. Pendant le dîner, une Piaf berlinoise chante des mélodies d'un autre temps, celui des années 1920.

DIENER,
Grolmannstr. 47, T 88 15 329.
Ouv. tlj à partir de 18 h.
De 5 à 14 € le repas.
Ce restaurant est affaire de goût. Il ne plaît pas à tous, et c'est bien comme ça ! À première vue, le décor peut paraître obsolète ; le papier mural à petites fleurs n'a pas changé depuis que le plus populaire des boxeurs de l'Allemagne d'après guerre, Franz Diener, reprit la cantine d'un ranch. La cuisine est roborative, à base de pommes de terre à l'huile, d'œufs au plat…

HEINRICH,
Sophie-Charlotten Str. 88, T 32 16 517.
Ouv. tlj à partir de 16 h.
De 8 à 14 € le plat principal.
Heinrich Zille, le Modigliani berlinois, habita cette maison. La patronne du restaurant lui rend hommage en accrochant aux murs des photos de lui, des dessins, des croquis coquins du milieu berlinois du début du siècle. Au menu, elle propose une cuisine de terroir, avec des spécialités de Souabe. Une particularité : la viande de cheval, autrefois répandue et devenue denrée rare, est ici mise à l'honneur. Les végétariens ne sont pas oubliés.

SAINT-GERMAIN,
Damaschkestr. 20, T 32 75 000.
Ouv. du lun. au sam. à partir de 18 h.
De 14 à 20 € le plat principal.
C'est peut-être le plus français de tous les restaurants du Berlin francophile. La

réputation de maître Frédéric repose sur une cuisine inventive et souvent renouvelée. Son succès tient aussi à de régulières présentations des régions.

LE PIAF,
Schlossstr. 60, T 34 22 040.
Ouv. du mar. au sam. à partir de 18 h.
Le menu écrit dans l'enveloppe d'un disque de Piaf annonce une vraie cuisine française, avec un léger penchant pour les spécialités alsaciennes. C'est un rendez-vous des francophiles berlinois. Réserver absolument.

ANGORA,
Schlüterstr. 29, T 32 37 096.
Ouv. tlj à partir de midi.
De 9 à 15 € le plat du jour.
On y sert une cuisine familiale avec des recettes traditionnelles d'Anatolie, comme l'agneau grillé ou les hors-d'œuvre servis avec une sauce au yaourt. Le décor, voulu sobre dans une salle aux murs en pierres apparentes, confère au lieu une atmosphère authentique.

DIEKMANN,
Meinekestr. 7, T 88 33 321.
Ouv. du lun. au sam. à partir de midi, dim. à partir de 18 h.
De 14 à 23 € le plat du jour.
Ce bistro berlinois est une ancienne boutique d'alimentation transformée en restaurant aux influences franco-italiennes. La carte est petite, les produits sont très frais. Pour Berlin, le choix de bons vins sort de la norme.

SOUPKULTUR,
Kantstr. 56A, T 65 76 27 80.
Ouv. du lun. au ven. de midi à 20 h, sam. jusqu'à 16 h. De 3 à 4,50 €.
Les Allemands ont toujours concocté de bonnes soupes ; la nouvelle génération les a allégées, rendues plus onctueuses, et innove en mélangeant produits locaux et exotiques, comme le chou-fleur et la mangue. On les déguste déjà depuis plusieurs années dans de petits bars, debout. La clientèle, plutôt jeune, est fidèle. Au choix, une douzaine de potages qui changent pratiquement tous les jours.

Boire un dernier verre

GAINSBOURG-BAR,
Savignyplatz 5, T 31 37 464.
Ouv. tlj à partir de 16 h.
Le patron était un admirateur de Serge Gainsbourg, dont de nombreuses photos ornent les murs. Il aime créer des cocktails, pour lesquels il a souvent été récompensé. Il adore bavarder et trinquer avec sa clientèle fidèle. L'ambiance est décontractée, avec, parfois, de la musique live.

Dormir

PENSION KETTLER,
Bleibtreustr. 19, T 88 34 949, fax 88 24 228. À partir de 59 € la ch.
Cette adresse, que l'on aimerait garder secrète, rappelle le Berlin de 1900, où le voyageur se sentait comme chez lui. La dynamique propriétaire, qui est au petit soin pour ses hôtes, traque les antiquités. Elle n'a rien laissé au hasard en aménageant ses 6 chambres, le petit déjeuner est servi dans la chambre. Une remarque, toutefois : les sanitaires sont dans le couloir et l'on se partage deux grandes salles de bains modernes.

PENSION WAIZENEGGER,
Mommsenstr. 6, T/fax 88 14 528.
À partir de 30 € la ch.
L'élégante cour intérieure de ce petit château Jugendstil est agencée autour d'une fontaine. Le vaste appartement du troisième étage, transformé en pension il y a vingt ans, offre des nui-

tées pas trop chères pour un lieu proche du Ku'damm. La grande chambre est réservée aux familles nombreuses. On prend le petit déjeuner autour d'une belle table de salle à manger bourgeoise.

HÔTEL BLEIBTREU,
Bleibtreustr. 31, T 88 47 40,
fax 88 47 44 44. 150 € la ch.
Ce quatre-étoiles extravagant a ses habitués. Le bleu froid de la façade dissimule un intérieur chaleureux qui invite à la détente. Un bar, un bon restaurant, un fleuriste spécialisé dans les roses et les grands châtaigniers de la cour sont autant de points de rencontre.

PENSION AM LIETZENSEE,
Neue Kantstr., T 32 54 539,
fax 32 23 159. 85 € la ch.
Il faut réserver assez tôt ; la proximité du Lietzensee, l'ambiance familiale et une bonne ligne de bus font de cette pension une adresse où l'on revient.

PROPELLER ISLAND CITY LODGE,
Albrecht-Achilles-Str. 58, T 89 19 016.
De 75 à 110 €.
À déconseiller à ceux qui n'aiment pas rire ! « Hélice Islande » est un hôtel bouffon. Dans la chambre « Upside Down », le lit et les autres meubles sont accrochés au plafond ; tout aussi grotesque est la pièce aménagée en cellule de prison (« Knast »). On retient aussi la chambre aux miroirs (« Spiegelzimmer »), conseillée aux narcissiques, tandis que la « Thérapie » convient aux fatigués du stress urbain. Cette réalisation fantastique est l'œuvre d'un organiste qui, en redonnant vie à un hôtel de 25 chambres proche du Kurfürstendamm, a surtout voulu se faire plaisir. Berlin était la ville idéale pour réaliser ses fantasmes.

Bleibtreustraße

Wilmersdorf

Riches, conservateurs, bourgeois... Ce sont les qualificatifs que l'on attribue aux habitants de Wilmersdorf. Les sacs à provision, dit-on, portent plus souvent le sigle Gucci que celui d'Aldi. Il n'y a pratiquement pas de cinémas et de théâtres, et, à la place des supermarchés, on trouve de petites boutiques. Les étrangers sont rares dans cet arrondissement du sud-ouest de Berlin. Il en était autrement après la Première Guerre mondiale, car il accueillit quelque 50 000 immigrés russes. La partie ouest – appelée Grunewald –, avec ses somptueuses villas, est assurément le quartier noble de Berlin.

Découvrir

L'ÉGLISE DE LA PLACE HOHENZOLLERN,
Hohenzollerndamm 202, T 873 10 43.
C'est une impressionnante église en briques rouge foncé Klinkerbau, typique des années 1930, avec une façade abrupte qui semble monter jusqu'au ciel et une tour élancée. Pour briser la monumentalité, l'architecte Fritz Högers utilisa la dorure sur les pierres et leurs interstices. L'intérieur, détruit pendant la guerre, ne fut pas restauré à l'authentique. Toutefois, ce lieu dégage une grande spiritualité, qui attire les gens du marché de la place attenante, les mercredis et samedis, avec de magnifiques concerts d'orgue sur le coup de midi.

CADILLAC,
Rathenauplatz.
Deux Cadillac furent coulées dans un mur de béton à l'occasion du 750e jubilé de la ville (1987). C'est une des sculptures les plus controversées de Berlin. L'allusion à l'identification au modèle américain et l'ironie de l'artiste, Wolf Vostell, devaient mettre en garde contre l'envahissement de la voiture sur l'ouest du boulevard le plus réputé de Berlin-Ouest, Kurfürstendamm.

THE STORY OF BERLIN,
Kurfürstendamm 207-208.
Ouv. tlj de 10 h à 19 h. Entrée : 5 €.
C'est une exposition pas comme les autres, une remontée dans le temps. Avec des effets originaux de sons et de lumières, on traverse les huit siècles qui font la grande histoire de Berlin. Ce show multimédia fascinant mène de découvertes en cocasseries. Une suite d'épisodes divertissants, certes, mais qui portent à la réflexion. Le musée fait l'unanimité : il plaît autant aux jeunes qu'aux adultes.

L'école de danse d'Isadora Duncan

L'ABRI ANTIATOMIQUE
Dans le même complexe, on visite le bunker antiatomique (*Atomschutzbunker*), une excursion fantomatique dans l'ère de la guerre froide. Construit à la fin des années 1960 sous un garage du Ku'damm-Carree, il devait accueillir 4 000 personnes en cas de menace. Très rapidement, on se rendit compte qu'il présentait de nombreuses failles et qu'il n'aurait jamais offert la protection promise à la population. Des millions de marks prélevés sur les impôts des Berlinois de l'Ouest furent ainsi jetés par les fenêtres.

L'ASSASSINAT DE WALTHER RATHENAU,
Königsallee 65.

Rathenau fut une des figures les plus énigmatiques de la république de Weimar. Fils d'un industriel aisé, il s'adonnait, à côté de sa carrière politique, à ses penchants artistiques. Nombreux furent les écrivains et peintres qui le fréquentèrent. En tant que ministre des Affaires étrangères, il œuvra pour la signature du traité de Versailles et la réconciliation avec l'Union soviétique. Le 24 juin 1922, il fut assassiné par des radicaux de l'extrême droite. Pour des motifs politiques ? Ou était-ce un attentat contre le juif et l'homosexuel ? Une pierre commémorative se trouve juste à l'endroit où il trouva la mort.

L'ÉCOLE DE DANSE D'ISADORA DUNCAN,
Trabener Str. 16.

En 1904, la célèbre danseuse américaine Isadora Duncan acquit une magnifique villa dans le quartier de Grunewald, où elle ouvrit une école de danse pour enfants. Le compositeur d'opéra Engelbert Humperdinck l'assista et la soutint dans son projet. Au début de la Première Guerre mondiale, elle ferma l'institut et vint s'installer à Paris. En 1927, elle mourut sur la Côte d'Azur d'une façon incroyable : étranglée par son foulard qui s'était pris dans les roues de son cabriolet. Elle repose à Paris, au Père-Lachaise.

LA MOSQUÉE,
Brienner Str. 7-8, T 87 35 703.

Ce bâtiment impressionnant est construit dans le style pakistanais. Rien d'étonnant à cela quand on sait qu'il fut édifié dans les années 1920 avec des dons du Pakistan. Les quelque 200 000 musulmans de la ville, en grande partie des Turcs, fréquentent les mosquées de leur quartier et évitent l'arrondissement aisé de Wilmersdorf.

L'ÉGLISE ORTHODOXE RUSSE,
Hohenzollerndamm 166.

Messe sam. à 18 h, liturgie dim. à 10 h.

L'église russe fut bâtie en 1938. Dans les années 1920, après la chute de l'empire des tsars, 50 000 Russes vivaient à Berlin. Au moment où l'Ar-

La mosquée

mée rouge pénétra dans la partie est de Berlin, ils quittèrent rapidement la ville. Aujourd'hui, on compte encore quelques milliers de leurs descendants, la plupart de confession juive.

Les loisirs

**CERFS-VOLANTS
SUR LE TEUFELSBERG**
Ici, c'est le règne des superlatifs. Au nord du plus grand espace vert de la capitale, le plus haut sommet de l'Ouest berlinois avec ses 115 m est un eldorado pour les passionnés de cerfs-volants. Et quand la neige recouvre les pentes, luges et skis glissent sur la plus grande montagne de débris et de ruines de guerre de la capitale.

Les bonnes adresses

ERICH HAMANN,
Brandenburgische Str. 17.
Ouv. du lun. au ven. de 10 h à 18 h, sam. de 12 h à 14 h.
La boutique Art déco du chocolatier Erich Hamann vaut à elle seule le déplacement. Ses chocolats aigres-doux sont excellents.

UN BAR À PERLES,
Perlen-Bar, Uhlandstr. 156.
Ouv. du lun. au sam. de 11 h à 19 h.
Depuis dix ans, deux femmes passionnées par les petites boules de verre ravissent collectionneurs et créatrices en herbe, qui peuvent s'initier à l'art du collier en regardant les deux dames à l'ouvrage. On peut repartir avec sa propre création. Clientèle fidèle, avec laquelle on engage facilement la conversation.

LES JARDINS DE LA VILLA HARTENECK,
Douglasstr. 7-9.
D'avril à octobre, de 10 h à 19 h ;
de novembre à mars, de 8 h à 18 h.

Design italien pour ces meubles et accessoires de jardin, des articles de bon goût qui semblent créés pour le lieu, que l'on peut visiter depuis qu'une fleuriste-décoratrice loue le rez-de-chaussée de cette prestigieuse villa ressemblant à un palais italien de la Renaissance. Le jardin, séparé de la rue seulement par un grillage, fut restauré par les Monuments historiques dans les années 1980. Avec son bassin ovale, ses jeux d'eau, ses bancs sous la pergola, ses vieux tilleuls, ses parterres de fleurs, c'est un des plus beaux jardins dans l'élégant Grunewald.

Manger

LANDAUER,
Landauer Str. 8, T 82 17 615.
Ouv. du lun. au sam. à partir de 15 h, dim. à partir de 11 h.
Plat principal de 5 à 15 €.
Le repas se prend au premier étage, dans une salle rustique et agréable. Essayer d'obtenir une table sous la véranda, c'est un petit coin romantique. Des spécialités allemandes sont ici copieusement servies. Avant ou après le dîner, on peut boire une bière pression au bar du rez-de-chaussée, assis sur un tabouret en bois autour de vieux tonneaux, comme le font les Berlinois, qui ont la descente facile.

Boire un dernier verre

GALERIE BREMER,
Fasanenstr. 37, T 88 14 908.
Ouv. tlj sauf dim. à partir de 20 h.
Que serait ce bar caché derrière une galerie de renom sans le maître des lieux, le jovial Rudolf Van der Lak ? Ce Surinamien arrivé par hasard à Berlin il y a plus d'un demi-siècle tient le bar le plus curieux de la ville. Côté rue, des vernissages, côté cour, des cocktails dans un cadre vieillot, mais très sympathique, où l'on se prélasse dans

des fauteuils et canapés fatigués. « Ici, raconte Rudolf, qui paraît beaucoup plus jeune que son âge, tout s'achète, sauf moi. » Ce petit coin est resté secret pour beaucoup de Berlinois. On y accède par la même entrée que la galerie. Sonner et attendre s'il est tard. On ferme avec le dernier client.

Dormir

ALBERGO DIE ZWÖLF APOSTEL,
Hohenzollerndamm 33, T 86 88 90,
fax 86 88 91 03. 100 € la ch.
Cette auberge ressemble en fait à un palais, avec ses mosaïques et ses boiseries florentines. Des tentures rouges ornent les 36 chambres, dont quelques-unes disposent d'un balcon.

WITTELSBACH,
Wittelsbacherstr. 22, T 86 49 840,
fax 86 21 532. 90 € la ch.
Cet établissement de 31 chambres réserve un étage aux familles. Les chambres ont un décor de contes de fées. Excellent service et ambiance familiale assurés.

SAVIGNY,
Brandenburgische Str. 21, T 88 13 001,
fax 88 25 519. 90 € la ch.
On retrouve tradition et atmosphère dans ces 52 grandes chambres, toutes équipées de baignoire.

ARTEMISIA,
Brandenburgische Str. 18,
T 87 38 905, fax 86 18 653.
À partir de 70 € la ch., 110 € la suite.
L'établissement existe depuis 1989 ; ce fut le premier de ce genre en Europe et il a fait ses preuves. Il est réservé exclusivement aux femmes, et pas seulement apprécié par les lesbiennes. Tout est fait pour que les mamans s'y sentent bien – hébergement gratuit pour les enfants –, et les garçons sont acceptés jusqu'à l'âge de 8 ans.
Si les chambres réparties sur trois étages sont d'un confort simple, la terrasse joliment fleurie du troisième étage est une petite merveille. Un coin idéal pour papoter ou venir prendre le bon petit déjeuner végétarien servi jusqu'à midi. Pour bruncher dans l'après-midi, prière de s'annoncer.
Les nombreux couloirs servent de cimaises à des expositions de femmes sur les femmes du monde entier.

Zehlendorf, Steglitz, Wannsee

Berlin

« Prends ton maillot de bain et cours au Wannsee! », tel était le conseil donné par un refrain que chaque Berlinois a chanté, sifflé, entonné durant les années 1950. Ce lac, avec sa longue plage de sable fin, fut pour les « insulaires » du Berlin-Ouest – c'est ainsi qu'ils se nommaient eux-mêmes – la meilleure distraction des week-ends d'été. Les kilomètres de bouchons ne les effrayaient pas. Wannsee est aussi un quartier de Zehlendorf, un lieu résidentiel privilégié, avec plusieurs musées et la grande université libre de Dahlem.

Découvrir

Dahlem

L'UNIVERSITÉ LIBRE,
Freie Universität, Arnimallee.
L'université libre fut la première construite après la guerre (1948), pour contrebalancer l'ancienne université berlinoise (Humboldt-Universität), située à Berlin-Est, Unter den Linden. À Dahlem, pendant les années 1960, Marcuse enseignait et Dutschke étudiait. C'est ici que l'on inventa teach-in et sit-in. Le parcours à travers le campus qui se fond dans la forêt environnante est presque obligatoire pour les anciens soixante-huitards. C'est un lieu idéal pour remonter le temps.

LE MUSÉE DAHLEM,
Landstr. 8, T 83 01 11.
Ouv. tlj sauf lun. de 9 h à 17 h, dim. à partir de 10 h. Entrée gratuite dim.
En pleine nature, à l'orée du campus universitaire, se trouve le musée Dahlem, qui abrite l'art et les cultures du monde, en particulier la plus grande collection allemande sur l'Inde. Les objets exposés, en rapport avec les religions du subcontinent (merveilleux temple hindou et salle de méditation bouddhiste), évoquent aussi la place importante du catholicisme dans la région de Goa (un magnifique Enfant Jésus du XVIIe siècle). Une salle est réservée à l'art contemporain indien.

LA MAISON DE LA CONFÉRENCE DE WANNSEE,
Straße am Großen Wannsee 56-58.
Ouv. du lun. au ven. de 10 h à 18 h, sam. et dim. de 14 h à 18 h. Entrée libre.
Cette villa, magnifiquement située sur les bords du Wannsee, doit son nom à la conférence secrète qui décida de l'extermination de millions de juifs européens le 20 janvier 1942. Qua-

torze fonctionnaires de l'appareil nazi, sous la direction du chef de la sécurité du Reich, Reinhard Heydrich, rédigèrent le protocole de Wannsee, qui définissait les modalités de « la solution finale de la question juive ». De nombreux documents expliquent les étapes successives de l'atroce processus.

LA DATCHA NIKOLSKOE,
Forsthaus Nikolskoe.

C'est un petit coin de Russie dans la ceinture verte de Berlin. Sur la rive ouest du Wannsee, sur une belle colline boisée, fut érigée près d'un petit zoo une maison en l'honneur du grand-duc Nicolas (d'où le nom), qui épousa la fille du roi prussien Frédéric-Guillaume III. En 1834, quelques années plus tard, lorsque Nicolas devint tsar, une église fut construite à côté (Saint-Pierre-et-Saint-Paul). Blottie dans la nature, avec son dôme émergeant de la forêt, elle a quelque chose de surnaturel par tous les temps. De là, on jouit d'une vue époustouflante sur l'île aux Paons (Pfaueninsel), connue pour ses plantations de palmiers et ses roseraies, parmi les plus grandes d'Europe.

LA TOMBE DE KLEIST,
Bismarckstr. 3.

Cette longue soirée du mois de novembre 1811, le dramaturge Heinrich von Kleist (*Le Prince de Homburg*, *La Cruche brisée*) la passa dans une auberge, à boire et à manger avec son amie Henriette Vogel. Tard dans la nuit, ils quittèrent le lieu et, à quelques pas de là, Kleist tira sur la femme, puis sur lui. Le poète, couvert de dettes et dépressif notoire, fut inhumé avec sa bien-aimée au bord d'un chemin forestier, d'où l'on aperçoit les eaux calmes d'un lac. Sur sa pierre tombale, une citation du *Prince de Homburg* : « Maintenant, ô immortalité, tu es mienne. » (« *Nun, oh, Unsterblichkeit, bist du ganz mein.* »).

LA MAISON DE KAFKA,
Grunewaldstr. 13.

À Berlin, où il vécut avant la guerre, Kafka se sentait beaucoup mieux qu'à Vienne. Né à Prague, il se réinstalla dans sa ville préférée et habita un appartement à Steglitz, au 13 de la rue Grunewald, qui, comme il le nota dans ses carnets, fut « un chez-moi avec du chauffage et du courant électrique ». Il y travailla à ses dernières œuvres, jusqu'à ce que la maladie le fasse repartir en Autriche.

LE JARDIN BOTANIQUE,
Königin-Luise-Str. 6.
Ouv. tlj de 9 h au coucher du soleil.
Entrée : 4 €.

C'est le plus grand jardin botanique d'Europe. Des sentiers entrelacés conduisent aux divers « continents » floraux. On se promène dans la steppe hongroise, à travers la flore coréenne ou dans le monde végétal du Brésil. Au total, le jardin réunit 18 000 essences différentes. Très impressionnantes sont les serres coiffées de dômes de 23 m, sous lesquelles poussent les bambous. Les romantiques ne manqueront pas, dans la serre Victoriahaus, une étonnante fleur bleue : un nénuphar australien à tige géante qui, selon la légende, serait une nymphe

Ruine der Künste Berlin

brisée à mort par sa jalousie. Pour les aveugles, on a aménagé un parcours sensoriel et tactile. Par beau temps, ce lieu est une des plus belles oasis de paix dans la ville.

Les loisirs

**UN VOYAGE CULINAIRE
AUX QUATRE COINS DU MONDE,**
Esskultur-Restaurant, musée Dahlem,
T 83 01 483/433,
www.esskultur-berlin.de. Ferm. lun.
De 3 (potage) à 5,50 € (plat principal) le midi, environ 10 € le soir.
Le dépaysement est assuré à la table du nouveau restaurant du musée Dahlem, Eßkultur, dont la carte s'inspire des traditions culinaires des cinq continents. En soirée, des menus thématiques sont établis autour d'un produit allemand – comme la betterave rouge –, asiatique – le safran – ou biblique – la pomme... La grande terrasse ouverte sur le beau parc reste un lieu peu connu des Berlinois.

À LA DÉCOUVERTE DES PEUPLES DU DÉSERT,
Junior museum, musée Dahlem,
Arminallee 42, T 83 01 255.
Ouv. du mar. au ven. de 13 h à 18 h, sam. et dim. de 9 h à 13 h. Entrée : 1,50 €.
Actuellement et jusqu'en 2005, le musée organise un parcours ludique et interactif à la découverte des us et coutumes dans les déserts de sable de notre planète, qui amuse aussi les grands.

UNE JOURNÉE À LA PLAGE,
Wannseebadweg, 25/S-Bahnhof, Nikolassee.
À Wannsee se trouve la plus grande plage urbaine d'Europe. Dans les années 1920, les berges du lac furent aménagées sur plusieurs kilomètres pour la baignade, avec des terrasses construites dans le style de la Neue Sachlichkeit et des cabines de plage comme au bord de la mer Baltique. Le côté désuet des installations confère un charme irrésistible à cette grève, à laquelle les Berlinois de l'Ouest sont très attachés.

UNE PROMENADE EN FORÊT
À proximité de l'église Saint-Pierre-et-Saint-Paul (St. Peter und Paul), au terminus des bus 216 et 316, débutent d'agréables sentiers de randonnée à travers une magnifique forêt. Ils sont parfaitement bien balisés et le temps qu'il faut pour les parcourir est indiqué. S'ils attirent bon nombre de Berlinois le week-end, ils constituent un terrain de promenade rêvé pour le marcheur solitaire en semaine.

Les bonnes adresses

Zehlendorf

LA GALERIE MUTTER FOURAGE,
Chausseestr. 15A, T 80 52 311.
Ouv. du mer. au sam. de 10 h à 18 h 30.
Dans l'ancienne remise d'une usine de production de semences et fourrage vieille d'un siècle, un acteur, héritier de la famille, a ouvert une galerie spécialisée sur la thématique des jardins dans cette pointe verte du sud-ouest de Berlin. La maison édite de très beaux livres sur les jardins des environs. Un café rustique et une boutique de produits naturels sont installés dans les écuries. Dans la cour grossièrement pavée, des pots en terre cuite et des corbeilles font revivre l'artisanat paysan.

Dahlem

RUINE DES ARTS DE BERLIN,
Ruine der Künste Berlin, Hittorfstr. 5,
T 83 13 435, fax 83 13 708.
Ouv. tlj de 15 h à 18 h. Entrée libre.
L'établissement, à la fois musée et galerie, est né dans une magnifique villa de Dahlem d'une « empathie » avec les stigmates de la guerre. L'architecte et directeur des lieux, Wolf Kahlen, a conçu au début des années 1980 une nouvelle maison à l'intérieur de l'ancienne ; elle accueille les créateurs ber-

linois. Une imposante collection d'affiches en émail avec le nom des artistes et leurs projets recouvre un mur de haut en bas. Dans cet espace cohabitent décrépitude et création, la recherche d'un équilibre entre ces deux extrêmes inspirant les exposants.

Manger

Zehlendorf et Wannsee

CHOPIN,
Wilhelmplatz 4, T 80 53 033.
Ouv. tlj à partir de midi.
De 7 à 15 € le plat du jour.
On y déguste la cuisine traditionnelle de Pologne et de Silésie dans le centre pittoresque du village de Wannsee. Nous conseillons le goûteux duo d'oie et de poitrine de canard. Le cadre est romantique, avec des tons rose bonbon et du stuc au plafond. Ambiance musicale en hiver pendant les week-ends et concerts de jazz intimistes.

LUISE,
Königin-Luise-Str. 40, T 84 18 880.
Ouv. tlj à partir de 10 h.
De 6 à 13 € le plat principal.
C'est le coin favori des étudiants. Aussi longtemps que la météo le permet, ils s'attardent dans le grand jardin qui offre près de 1 000 places, et désertent les cours tant il est agréable de boire, manger à petit prix et flirter.

Steglitz

TOULOUSE-LAUTREC,
Lepsiustr. 63, T 79 21 236.
Ouv. du mer. au lun. à partir de 18 h.
De 8 à 18 € le plat principal.
L'une des meilleures adresses dans ce coin plutôt à l'écart de Steglitz. Les produits sont importés de France. Ici, on célèbre le repas à la française en commandant un menu et en s'attardant longtemps à table. Pour Berlin, où l'on se contente généralement d'un plat, c'est donc une table exceptionnelle.

Dormir

Zehlendorf

LANDHAUS SCHLACHTENSEE,
Bogotastr. 9, T 80 99 470, fax 80 99 47.
S-Bhf. Mexikoplatz. 48 € la ch.
On pratique de petits prix dans cette maison coquette du vieux Zehlendorf, pas très loin de la belle place Mexiko, qui vaut le détour pour son ensemble Jugendstil. On rejoint vite le centre par le tram ou le métro.

ALBINA,
Trabener Str. 3, T 89 16 090,
fax 89 35 342. S-Bhf Grunewald.
À partir de 50 € la ch.
Cette villa romantique plaît beaucoup aux amoureux, aux randonneurs et aux nageurs. Le poumon vert de Berlin, Grunewald, et le Wannsee ne sont pas très loin.

Steglitz

MORGENLAND,
Finckensteinallee 23, T 84 38 890,
fax 84 38 89 79. Bhf. Steglitz. 100 € la ch.
Cette ancienne école d'enseignement de la Bible fondée en 1901, restaurée en 1991 et transformée en petit hôtel de 25 chambres, est située dans un beau parc. Joggeurs, randonneurs, cyclistes (location de vélos proche) et musiciens peuvent ici s'exercer sans gêner le voisin.

Wannsee

HOTEL WANNSEEBLICK,
Königstr. 3B, T 80 50 060, fax 80 50 066.
Bhf. Wannsee. 80 € la ch.
Cet hôtel de taille moyenne donne sur le lac préféré des habitants de l'Ouest.

Schöneberg

Ce n'est plus Charlottenburg, mais pas encore Kreuzberg. Ce qui explique que Schöneberg a parfois des allures bourgeoises, mais souvent aussi une bonne dose de « scène » alternative. Jusqu'à la réunification, cet arrondissement était le siège du bourgmestre de Berlin-Ouest ; il fut et reste un quartier branché. Aujourd'hui, on y trouve une concentration incroyable de cafés et *Kneipen*, qui sont ouverts pratiquement 24 h/24. Les établissements spécialisés dans les petits déjeuners et les brunchs attirent un public venu des autres arrondissements. Autour des places Nollendorf, Winterfeldt et Viktoria-Luise les milieux homosexuels ont marqué leur territoire. Schöneberg ressemble à un grand village, où le temps s'écoule doucement. Les trottoirs y sont larges et deviennent des lieux de rencontre dès le premier rayon de soleil ; la nuit y est magique, avec les constellations de bougies sur les tables. Un lieu enchanteur !

Découvrir

L'HÔTEL DE VILLE,
Rathaus, John-F.-Kennedy-Platz.
C'est un lieu mythique depuis que le président des États-Unis déclara, sur un podium dressé devant ce qui était l'hôtel de ville de Berlin-Ouest, son légendaire « *Ich bin ein Berliner* ». Le Mur avait deux ans, et le bourgmestre d'alors se nommait Willy Brandt (1957-1966), entré lui aussi dans la légende. Une exposition permanente retrace sa vie (ouv. tlj de 10 h à 18 h, entrée libre). À ne pas manquer, son magnifique portrait, signé Rainer Fetting. Deux ans après la chute du Mur, le bourgmestre du Berlin réunifié déménageait pour la « mairie rouge » (Rote Rathaus), près d'Alexanderplatz.

LES COLONNADES DU ROI,
Königskolonnaden, Potsdamer Str. 191.
Cette allée de colonnes royales décorées de belles sculptures baroques surprend le long de la Potsdamer Straße à l'architecture plutôt tristounette. Elles datent de 1780. Elles agrémentaient un pont royal, mais elles furent jugées gênantes pour la construction d'une route, et l'on décida, en 1910, de les transférer devant ce qui allait devenir un tribunal.

LA COUR D'APPEL,
Kammergericht, Elßholz Str. 30.
La façade imposante de ce tribunal datant du début du XXe siècle apparaît dans toute sa splendeur depuis le parc, côté Potsdamer Straße. C'est dans une salle du premier étage que quelque 2 500 prisonniers politiques et résistants au régime nazi furent condamnés, en particulier les participants à l'attentat contre Hitler du 20 juillet 1944. Jusqu'en 1991, c'était le siège des Alliés et du contrôle de l'espace aérien. La conciergerie autorise gentiment les visites individuelles.

Église et marché à Schöneberg

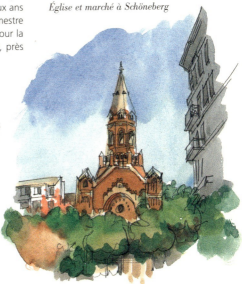

DES PLAQUES, EN SOUVENIR DES FAMILLES PERSÉCUTÉES,
Bayerisches Viertel.

Souvent, dans les rues de Berlin, on rencontre des panneaux exotiques. Par exemple à Wedding, ils indiquent des noms de villes ou de pays d'Afrique ; à Schöneberg, autour de la Bayerischer Platz, on se croirait en Bavière, les habitants ne portant pas pour autant le burnous ou le *Lederhose*. C'est justement dans ce quartier de Schöneberg traditionnellement bourgeois que vivaient de riches familles juives de médecins ou d'avocats. C'est ce qui lui valut un temps le surnom de « Suisse juive ». Les nazis y sévirent tout particulièrement. Récemment, on a commencé à aposer des plaques portant le nom des familles décimées. Commémoration du souvenir et exhortation à l'encontre des jeunes générations.

LES BELLES MAISONS

Le quartier autour de la belle église Saint-Matthias, construite en briques rouges qui semblent s'embraser au coucher du soleil, mérite que l'on s'y promène pour admirer la beauté architecturale des maisons cossues typiques de la fin du XIXe siècle, à la limite du Gründerzeit et du Jugendstil, avec encorbellements, tourelles, balcons, vérandas, frises comportant des éléments floraux ou animaux. Elles arborent des couleurs inhabituelles – jaunes, roses, ocre et, parfois, grises – et s'égrènent le long des rues Hohenstaufen, Motz, Eisenacher et Fugger, ainsi que sur le pourtour de la place Viktoria-Luise.

LA MAISON DE VLADIMIR NABOKOV,
Motzstr. 31, aujourd'hui 64.

Après la chute du tsar, Berlin comptait environ 300 000 immigrés russes. Parmi eux, la famille du romancier Vladimir Nabokov, originaire de Saint-Pétersbourg. Plusieurs livres de Nabokov ont d'ailleurs Berlin comme lieu d'action. En 1937, il fuit pour Paris, en 1955 parut *Lolita* ; il mourut en 1977 à Montreux, en Suisse. Jeune homme, il changea plusieurs fois d'adresse à Berlin ; parmi ses résidences, celle de la Motzstraße.

Les belles maisons de Schöneberg

LA MAISON DE FRANZ HESSEL,
Lindauer Str. 8.

Tout comme Nabokov et bien d'autres écrivains allemands, Franz Hessel, romancier, éditeur et traducteur, émigra dans les années 1930 en France, où il se lia d'amitié avec Henri-Pierre Roché. La triangulaire amoureuse avec la femme de Hessel, Helene Grund (traductrice en allemand de *Lolita*), inspira à Roché le roman *Jules et Jim*, que l'on connaît mieux dans sa mise en scène à l'écran par François Truffaut. Dans l'arrière-cour de la rue Lindauer vécut le flâneur Hessel, jusqu'à son émigration. Il mourut en 1941 à Sanary-sur-Mer.

L'ATELIER DE GÜNTER GRASS,
Niedstr. 13.

Günter Grass fit des études de sculpteur à Berlin, avant de se tourner vers l'écriture. Il rédigea à Paris, durant un séjour de plusieurs années, son premier grand succès, *Le Tambour* (*Die*

Blechtrommel). À son retour à Berlin, il exposa des dessins dans la première galerie d'arrière-cour de Berlin, à l'adresse où il habitait. Son engagement politique fut exemplaire ; il lui valut le soutien et l'amitié du chancelier social-démocrate de l'époque, Willy Brandt. En 1999, après des années d'attente, il fut lauréat du prix Nobel de littérature. Depuis quelques années, il s'est retiré au Schleswig-Holstein, dans le nord de l'Allemagne.

LA MAISON NATALE DE MARLÈNE DIETRICH,
Leberstr. 65.
Une inscription rappelle que Marlène Dietrich, la plus grande star du cinéma allemand, est née dans cette maison. Après avoir fréquenté les cours d'art dramatique de Max Reinhardt, elle travailla comme modèle pour des marques de bas et de chaussures, jusqu'à ce qu'elle fût engagée pour le rôle de Lola. Sous la direction de Josef von Sternberg, le film *L'Ange bleu* (*Der blaue Engel*), d'après un roman de Heinrich Mann, lui permit non seulement de percer, mais également de placer l'Allemagne sur la lignée hollywoodienne. En raison de ses convictions politiques (les nazis tentèrent de la faire revenir), elle resta aux États-Unis et ne revint en Allemagne que pour un seul concert... et y rejoindre sa dernière demeure (voir ci-dessous).

LE CIMETIÈRE FRIEDENAUER,
Stubenrauchstr./Fehlerstr.
Ici repose Marlène Dietrich, à côté de sa mère, sous une pierre tombale toute simple, mais très bien entretenue. En été, on peut y rencontrer chaque après-midi une institutrice parisienne, fan jusqu'aux bouts des ongles, qui dépose des fleurs fraîches. À l'âge de 73 ans, l'artiste fut ovationnée par son public pendant vingt minutes lors de son concert d'adieu à Paris. Est-ce la raison pour laquelle elle ne quitta plus cette ville, où elle vécut ses dernières années recluse dans son appartement de l'avenue Montaigne ? Elle ne s'est jamais expliquée sur ce point.

Les loisirs

LE SQUARE DE VIKTORIA-LUISE-PLATZ
Il faut goûter au plaisir de tremper ses lèvres dans une coupe de prosecco sur la plus belle place de Berlin, Viktoria-Luise-Platz, dans l'élégant square avec ses placettes dissimulées par des allées de buis, son jet d'eau et sa colonnade d'un autre temps. C'est le nec plus ultra pour savourer à deux la douceur des fins d'après-midi ensoleillées. On apporte sa boisson pétillante et ses coupes. C'est un endroit qu'affectionnent en particulier les Berlinois gays.

LE PARC RUDOLPH-WILDE,
juste à côté du pont Carl Zuckmayer.
Comment résister à cette invitation de l'écriteau planté sur le beau gazon : « *Nur zum Liegen* » (« Seulement pour s'allonger »)? Si le sol paraît trop bas, on trouvera des bancs sous les allées arborées et décorées de colonnes portant cerfs et biches dorés. C'est un endroit calme, propice à la lecture. Pour se revigorer, un kiosque près de l'église toute proche sert à bas prix des boissons fraîches, des glaces et des petits plats. Petit déjeuner dès 6 h pour les couche-tard ou les lève-tôt. De gros marronniers dispensent une fraîcheur bienfaisante en été.

LE THÉÂTRE DE MARIONNETTES,
Hans Wurst, Gleditschstr. 5.
Première séance à 14 h.
Juste à côté de la place du marché Winterfeldt, un théâtre de marionnettes imaginatif présente des spectacles mêlés d'humour et de poésie, s'inspirant des contes des frères Grimm. Par beau temps, les familles s'attardent dans la cour ombragée, autour d'une boisson fraîche ou d'un café. Le soir, programme plus délirant et burlesque pour les parents et les grands enfants (10 €).

LOCATION DE VÉLOS

Velomondo, Motzstr. 12, T 21 75 30, fax 21 75 45. Ouv. du lun. au ven. de 10 h à 19 h, sam. jusqu'à 14 h.

C'est une adresse sérieuse pour louer un vélo à la journée (9 €) ou à la semaine (30 €). Pour le week-end, il est préférable de réserver. Le numéro de la carte Visa sert de caution. La maison vend aussi des cartes avec suggestions de circuits.

Les bonnes adresses

LEBENSBAUM,

Winterfeldtstr. 56. Ouv. du lun. au ven. De 9 h 30 à 19 h, sam. de 9 h 30 à 14 h.

Ce supermarché de produits bio se trouve à quelques pas de la maison où habita et travailla le très renommé anthroposophe Rudolf Steiner, avec son épouse Maria (n° 36). Un petit café séduit les amateurs de pain complet et de produits non sucrés.

WINTERFELDTMARKT

Le samedi matin, sur ce marché – le plus intellectuel et le plus bio de la capitale –, le stand de Rheinhard Bockenkamp étonne. Assis devant sa machine à coudre, il confectionne sur commande des taies d'oreillers (*Dinkelspreukissen*) en coton importé d'Inde, qu'il remplit ensuite avec de l'épeautre. D'après Hildegard von Bingen, celui-ci soulagerait les nuques stressées, tiendrait chaud en hiver et empêcherait la transpiration en été. (À partir de 20 €, selon la taille.) Dans les nombreuses *Kneipen* autour de la place, *mediterranean way of life* assuré jusque tard le soir.

KADEWE,

Winterbergplatz. Ouv. du lun. au ven. de 9 h à 18 h, sam. de 9 h à 16 h.

Le Gotha de la consommation se retrouve au sixième étage de ce supermarché de l'Ouest avec, entre autres choses, des montagnes de charcuterie, 400 sortes de pain, une cinquantaine de salades de poissons. Les dégustations au bar à café sont de vraies célébrations ; on teste les grains avant d'acheter. Rien de mieux, pour faire chic, que de s'attarder en solo à l'un des quatre bars devant une assiette de saumon, en sirotant avec application un verre de vin blanc pétillant. Les Russes, nombreux au début du siècle dans l'ouest de Berlin, firent la réputation de ce temple du savoir-consommer.

MARCHÉ ET PUCES,

devant la mairie.

Le dimanche a lieu une gentille brocante devant la mairie, où les stands sont souvent tenus par des Turcs. Le mercredi et le samedi, les maraîchers brandebourgeois occupent les étals, avec leurs légumes qui sentent bon la terre.

CERFS-VOLANTS,

Vom Winde Verweht, Eisenacher Str. 81. Ouv. du lun. au ven. de 10 h à 13 h et de 14 h 30 à 18 h 30, sam. de 10 h à 14 h.

Il y a là des cerfs-volants de toutes tailles, toutes couleurs, des ballons, des Yo-Yo, des articles pour apprendre à jongler ; bref, tout ce qui, avec ou sans vent, s'envole dans les airs ou fait rêver. Plaisir assuré.

GOLTZSTRAßE

En fin d'après-midi, les vitrines qui bordent la rue de l'arrondissement le plus calme de la ville s'éclairent des lueurs des bougies. Les commerçants ont aménagé leurs boutiques en lieux chaleureux et romantiques, où les objets venus d'ailleurs côtoient les vêtements de grand-mères. En passant devant Chez Mirjam Grese, au n° 5, on ne se lasse pas d'admirer les articles à travers la vitre : ici, tout est beau, même la nuit. Des robes de baptême superbement amidonnées sont exposées, des textiles anciens sont artistiquement jetés sur des sofas ; les bijoux et accessoires minutieusement choisis jusqu'aux années 1950. Les boutiques ouvrent à midi, les prix, à l'avenant du quartier, sont modestes.

BOULETTEN,
Fleischfachgeschäft Hoffmann,
Maaßenstr. 40.
Ouv. du lun. au ven. de 8 h à midi et de 14 h à 16 h, sam. de 8 h à 14 h.
La boulette est la spécialité de la gastronomie berlinoise. Le nom remonte bien sûr à l'époque des huguenots et désigne des croquettes de viande hachée bien épicée. C'est un en-cas idéal pour couper les petites faims. La boucherie Hoffmann, proche de la place Winterfeldt, en prépare d'excellentes, bien relevées et pour moins de 1,50 €.

FRANKEN UND GRUNEWALD,
Gossowstr. 6. Ouv. du lun. au ven. de 10 h à 18 h, sam. et dim. de midi à 20 h ; En été, ouv. tlj jusqu'à 22 h.
Les connaisseurs affirment que, chez Franken und Grunewald, on trouve les meilleures glaces de Berlin. Il y a les parfums classiques, comme la vanille, le chocolat, la fraise ou la framboise, mais aussi le délicieux gingembre ou la délicate cannelle… une vingtaine de glaces différentes, toutes préparées avec des ingrédients naturels et du lait frais entier.

Manger

BLAUER ENGEL,
Gotenstr. 1, T 78 70 70 80.
Ouv. tlj à partir de 16 h.
De 8 à 16 € le plat principal.
Tout près de la maison natale de Marlène Dietrich, un restaurant porte le nom d'un des plus célèbres films de la diva du cinéma. Des photos d'elle ornent les murs et, sur commande, le cuisinier prépare un menu « à la Dietrich », d'après ses propres recettes (potage, pot-au-feu, sabayon). Marlène, selon les dires de ses amis, aimait faire la cuisine et la faisait très bien.

LA COCOTTE,
Vorbergstr. 10, T 78 95 76 58.
Ouv. tlj à partir de 18 h, dim. à partir de midi. De 9 à 15 € le plat du jour.
Le nom promet de bons petits plats bien mijotés. Deux Français viennent d'ouvrir ce restaurant en lui donnant un note très personnelle, et il figure déjà parmi les adresses que l'on ne donne qu'aux copains dans ce Schöneberg fêtard, où la concurrence est rude. Produits frais pour une cuisine moderne à tendance méditerranéenne. Dans l'entrée, un coin apéritif.

MAHARAJA,
Goltzstr. 21. Ouv. tlj de midi à minuit.
7 € le thali.
Dans ce petit indien, on mange le meilleur thali de la ville. Les non-végétariens disposent aussi d'un bon choix de plats. Éviter plutôt le vin indien.

TTT – TEE TEA THE,
Goltzstr. 2. Ouv. tlj à partir de 9 h, dim. à partir de 10 h. De 5 à 8 € le plat.
On y achète son thé, on y savoure l'une des 140 sortes, on y petit déjeune, on y grignote sur les coups de midi, on se régale du plat du jour. La cuisine est moderne, légère et goûteuse. Le nec plus ultra est le brunch du week-end, avec des assiettes très variées.

CAFÉ M,
Goltzstr. 33, T 21 67 092.
Ouv. tlj à partir de 8 h. Prix modérés.
C'est le rendez-vous des branchés dans l'arrondissement de Schöneberg.
Berlin joue à être New-York, du petit déjeuner jusqu'au dernier verre, avec des muffins et des bagels comme outre-Atlantique. Le lieu de rencontre des gens de la mode décontractée ressemble à une scène ouverte.

SAVO,
Goltzstr. 3, T 21 66 225. Ouv. tlj à partir de 9 h. De 3 à 9 € le petit déjeuner.
Sans décor, sans prétention, cet établissement est pourtant absolument *in*. Du petit déjeuner servi jusqu'à 16 h au dernier verre, c'est un endroit extrêmement tranquille pour lire les nombreux journaux et revues du jour, travailler ses dossiers ou, tout simplement, bavarder avec des amis. Dès les beaux jours, les tables envahissent le large trottoir. Prix modérés.

TOMASO,
Motzstr. 60, T 21 32 345.
Ouv. tlj à partir de 8 h.
De 4 à 12 € le petit déjeuner,
de 7 à 16 € le plat principal.
Les six premières pages de la carte sont consacrées exclusivement aux suggestions de petits déjeuners qui sont censés mettre en train, comme la confiture de courgettes, le poulet grillé servi avec une sauce à la mangue poivrée ou, plus traditionnel, le saumon, l'omelette, le café au lait ou le prosecco. Tomaso rencontre un tel succès parmi les habitants de Schöneberg qu'il vient d'ouvrir deux nouvelles adresses dans l'arrondissement, Hauptstraße et Salzburger Straße.

TIM'S CANADIAN DELI,
Maaßenstr. 14, T 21 75 69 60.
Ouv. tlj à partir de 9 h.
De 4 à 17 € le plat du jour.
La réputation de l'établissement s'est faite sur sa trentaine de pâtisseries servies au petit déjeuner et ses authentiques spécialités canadiennes, mais c'est aussi un lieu idéal pour siroter un délicieux cocktail.

Boire un dernier verre

SLUMBERLAND,
Goltzstr. 24, T 21 65 349.
Ouv. du lun. au ven. à partir de 18 h, sam. à partir de 11 h, dim. à partir de 16 h.
Le seul bar de Berlin avec un sol recouvert de sable – allusion aux amourettes liées dans les bacs à sable ? Un lieu de rencontre où l'on trinque à la bière ou aux cocktails.

Dormir

SCANDOTEL CASTOR,
Fuggerstr. 8, T 21 30 30, fax 21 30 31 60.
145 € la ch.
Cette nouvelle adresse est la bienvenue dans cet arrondissement peu généreux en hôtels. 78 chambres au confort nordique, une réception prévenante et une terrasse conviviale sur la rue extrêmement calme, malgré sa proximité relative avec le Ku'damm.

Kreuzberg

« *Kreuzberger Nächte sind lang*! » (« À Kreuzberg, les nuits sont longues! »), chantaient les Berlinois de l'Ouest dans les années 1970, années débridées où toute une jeunesse allemande se complut à vivre dans cet arrondissement au sud de la Spree, adossé au Mur. Kreuzberg a conservé son caractère sauvageon, même si la scène alternative est partie s'installer de l'autre côté de la Spree, à Friedrichshain, cet arrondissement de l'ancien Berlin-Est où subsistent les vestiges du Mur. Kreuzberg est célèbre pour son atmosphère multiculturelle, le nombre de commerces bio y est supérieur à celui des autres arrondissements, les dames portant de vraies fourrures y sont regardées de travers, on se fond au mieux dans le paysage bariolé des rues en portant des fripes, en se teignant les cheveux couleur feu, mer ou azur. Kreuzberg est un quartier dont la vie se palpe dans la rue. Il faut y déambuler sans itinéraire précis, et se laisser prendre par l'ambiance des *Kneipen*, les boutiques fantasques, le charme des cours intérieures, qui, même si elles ne sont pas répertoriées dans les guides, réservent bien des surprises.

Découvrir

LE MUSÉE JUIF,
Jüdisches Museum, Lindenstr. 14,
T 25 99 34 10. Ouv. tlj de 10 h à 20 h, lun. jusqu'à 22 h. Entrée : 5 €.
Aucun musée berlinois n'a donné lieu à un débat préliminaire aussi long et, alors qu'il était encore vide, il attirait déjà une foule de visiteurs. Le bâtiment en lui-même, dû à l'architecte américain Daniel Libeskind, fit sensation. Il fit couler beaucoup d'encre dans la presse et jaser dans les milieux intellectuels et artistiques allemands avant son ouverture officielle, en automne 2001. Le débat autour de sa finalité donna raison non pas aux partisans d'une retrospective de l'histoire malheureuse des juifs de Berlin, mais à ceux qui voulaient voir retracée l'histoire juive dans sa totalité en Allemagne. Par exemple à travers le quotidien d'une communauté juive dans une ville au Moyen Âge, simulé sur ordinateur.

DES PLAQUES COMMÉMORATIVES SUR LES TROTTOIRS,
Oranien et Dresdener Str.
L'artiste Gunther Deming a pavé les trottoirs de plaquettes en cuivre devant les anciens lieux d'habitation des juifs dans les rues Oranien et Dresdener. Leurs noms et dates sont gravés dans le métal et rappellent qu'ils étaient poursuivis sous le régime nazi. Le marquage va se prolonger sur d'autres rues. Ainsi, toute découverte récente sur le passé des concitoyens juifs sera matérialisée par une plaque commémorative sur les trottoirs de Kreuzberg.

OÙ SÉVIT LA TERREUR,
Topographie des Terrors, Niederkirchnerstr. 8.
Ouv. tlj de 10 h à 20 h. Entrée libre.

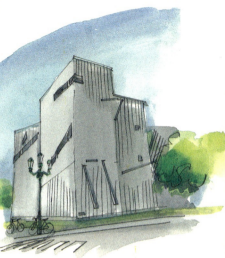

Le Musée juif

Là où, peu après la prise du pouvoir par les nazis, la Gestapo installa son quartier général, il ne reste qu'un champ de ruines. Depuis les années 1980, une exposition de documents anciens retrace les exactions de cette police secrète. On y a ajouté quelques pans du Mur, un autre témoignage sur la dictature. Quant à l'ancien bâtiment Prinz-Albrecht, aucune décision n'a été prise concernant sa reconstruction.

LE MUSÉE ALLEMAND DE LA TECHNIQUE,
Deutsches Technikmuseum Berlin, Trebbiner Str. 9. Ouv. du mar. au ven. de 9 h à 17 h 30, sam. et dim. de 10 h à 18 h.

Ce musée des techniques anciennes ouvert en 1982 est peu visité, alors qu'il présente dans une ancienne halle gigantesque une centaine de collections devenues précieuses au fil des années. Locomotives et wagons de différentes époques, machines à récolter les céréales ou à tisser embarquent le visiteur vers d'autres époques, lorsqu'il fallait du temps pour produire. L'hélicoptère suspendu dans les airs depuis peu évoque les avions américains appelés « bombes aux raisins secs » (*Rosinenbomber*), qui ravitaillaient les Berlinois de l'Ouest pendant le fameux blocus de 1948.

Le Musée allemand de la Technique

LA MAISON DE POUPÉES,
Puppenhaus, à l'angle de Trebbiner et Luckenwalder Str.

Il faut bien lever la tête pour apercevoir, à travers l'immense façade de verre, les centaines de personnages suspendus à des fils invisibles au très haut plafond en pointe du hall d'entrée. C'est certainement l'œuvre d'art la plus méconnue de la ville et sur laquelle le commanditaire, la « RATP » berlinoise, est peu loquace. Il s'agirait de la mise en scène de sa clientèle, des milliers d'utilisateurs des transports en commun. Vue d'en-bas, elle fait songer à un ballet de poupées.

CHAMISSOPLATZ
Un square joliment agrémenté d'une roseraie invite à la contemplation à l'écart de l'animation de Bergmannstraße. Il honore le souvenir de l'écrivain allemand d'origine française Adelbert von Chamisso, né à Boncourt, en Champagne, en 1781, et que la Révolution avait fait fuir. En son hommage, une association très active (T 69 18 808) programme ici en été des séances de lecture. Le samedi matin, les trottoirs accueillent un marché bio à l'image du quartier ; on ne se bouscule pas et, en famille, on se sert chez son légumier habituel.

WILLIBALD-ALEXIS-STRAßE
Il est agréable de se promener dans cette large rue pavée bordée exclusivement d'immeubles typiquement wilhelminiens (Gründerzeit), magnifiquement restaurés dans leurs couleurs jaune et bleu pastel. Elle sert de coulisses aux films retraçant des destins sous le national-socialisme – récemment, la résistance d'une poignée d'hommes avec Herzog (*Der Unbesiegtbare*) ou une tragique histoire d'amour entre femmes (*Aimée et Jaguar*). Grâce à la ténacité d'associations, les loyers restent bas ; une population mixte de jeunes et de personnes âgées continue d'habiter ce quartier longtemps populaire.

LE MONDE EN VITRINE,
Fidicinstr. 40.

Les lecteurs du journal *Le Monde* se sentent en bonne compagnie en franchissant le porche du n° 40. Dans une vitrine, un homme moustachu en papier mâché lit en toute quiétude le journal français le plus réputé à l'étranger, daté du 11 août 1999. La vaste cour intérieure est occupée, entre autres, par les ateliers de renom du peintre Alexander Friedmann et du sculpteur Pit Kroke. Par beau temps, ils travaillent rideau de fer levé.

LIEBFRAUENKIRCHE,
Wrangelstr. 50. Ouv. du lun. au ven. de 16 h à 18 h. Messe dim. à 10 h.
Cette rue vouée aux *döner* et autres spécialités turques réserve une surprise avec la jolie basilique romane du XIXe siècle, dont le cloître est agencé autour d'une fontaine et ouvert sur la rue. Coincée entre deux immeubles, elle est typique des églises incorporées de Berlin.

LE MUSÉE DE L'HOMOSEXUALITÉ,
Schwules Museum, Mehringdamm 61, 2e cour, 3e étage, T 69 59 90 50.
Ouv. du mer. au lun. de 14 h à 18 h.
Entrée : 3 €.
En Allemagne, c'est l'unique collection d'objets et de documents témoignant de la situation des homosexuels dans la société. Le musée relate l'histoire d'une minorité qui passa par de longues périodes de persécution, surtout pendant la période du national-socialisme, et la culture gay des dernières décennies. L'établissement dispose d'archives importantes.

UNE VISITE EN PANTOUFLES,
Pantoffel Tour, Kliemt-Konzept-Berlin, Heimstr. 2, T 62 72 31 50, fax 62 72 31 54.
Deux femmes proposent la découverte d'intérieurs privés ; les visiteurs sont priés d'enfiler des patins avant d'entrer chez les gens. On peut ainsi se faire une idée de l'habitat berlinois haut en couleur et de ses habitants à la créativité souvent fantasque. Le circuit dure trois heures, y compris les déplacements en minibus, la visite de cinq appartements très différents et une collation.
Départ et retour à Kreuzberg. Il est possible d'avoir recours à un interprète.

Les loisirs

ENOTECA BACCO,
Marheineke Platz. Ouv. du lun. au ven. de 10 h à 19 h, sam. jusqu'à 14 h.
Se prélasser en fin d'après-midi sur une terrasse plein sud en savourant quelques vins bio, c'est possible sur la place du marché, chez Enoteca Bacco, qui en propose environ 280 sortes venues du monde entier, ainsi que plus de 70 liqueurs différentes. Le sympathique maître des lieux fait volontiers visiter la belle salle de mariage voûtée au sous-sol, vestige de l'ancienne halle de 1870 bombardée pendant la guerre. Le café, qui fait aussi restaurant le midi (cuisine méditerranéenne, menu à 9,50 €), se règle un peu sur les horaires du marché.

UNE EMBARCATION GASTRONOMIQUE,
Kulinarischer Kahn, Carl Herz-Ufer, en face du n° 5.
Ce bateau est amarré toute l'année le long de la berge Carl-Herz. C'est un rendez-vous romantique autour d'un repas, ou simplement d'un verre.

HAMMAM,
Mariannenstr. 6, T 61 51 464. Ouv. tlj de midi à 22 h, lun. à partir de 15 h, en juin et juillet à partir de 16 h, ferm. en août. 8,50 € pour 2 h 30.
Ce hammam turc est installé dans une ancienne fabrique de chocolat et exclusivement ouvert aux grâces féminines. Pour la beauté : soins et massages *kese* (« peeling » turc). Une séance axée sur la propreté du corps et le bien-être dure quarante-cinq minutes, avec savonnage, massage et relaxation. Les mains à la fois douces et énergiques de la keseci Yüksel Aytac, personnage emblématique de lieux depuis vingt ans, massent avec des gants de soie. Un lieu idéal, à partager avec sa meilleure amie.

UNE PISCINE NATURISTE,
Prinzenbad, Prinzenstr. 1113, T 61 61 080. De mai à octobre, ouv. tlj de 7 h à 20 h. 2,50 €.

Dans cette piscine en plein air, on ne craint pas les regards des autres. On vient pour être vu en tenue d'Adam et d'Ève.

LES FONTAINES DE PAMUKKALE,
Görlitzer Park.
L'attraction de ce parc, construit au milieu des années 1980 sur l'emplacement d'une gare, est l'imitation des fameuses fontaines en terrasses de Pamukkale, en Turquie. Pour des raisons économiques, on importa les matériaux du Portugal, mais ils sont inadaptés aux rudes hivers berlinois. Les fontaines font la joie des bambins, qui y font de la glisse, et en été servent de coulisses à des spectacles.

CONCERTS,
Passionskirche, Marheineke Platz,
T 69 40 12 39/12 41.
Les concerts souvent donnés dans cette église néoromane près de la halle au marché sont annoncés par la presse, tant les prestations sont de haut niveau, alternant musiques sacrée et profane. Les soirées jazz ou pop sont particulièrement appréciées.

UN THÉÂTRE ANGLAIS,
Theatre of the Pretty Vacant,
Fidicinstr. 40, T 69 35 692/11 211 (réservation). Ferm. lun. De 9 à 13 €, selon la représentation.
Une salle-bonbonnière pour 90 spectateurs, une scène privée avec des représentations exclusivement en anglais – la seule de la ville –, des spectacles s'inspirant d'œuvres littéraires ou cinématographiques célèbres font de ce lieu, caché dans une arrière-cour depuis 1996, une adresse unique à Berlin.

RETRANSMISSIONS DE MATCHS DE FOOT,
dans la Eckkneipe Schultheiss,
Körtestr. 12. Ouv. tlj de midi à minuit.
La télévision tua la plupart des *Eckkneipen*. Un jeune Turc né à Kreuzberg décida de l'utiliser pour en faire revivre une dans son quartier, avec des retransmissions de matchs de foot, surtout ceux des chaînes codées. Convivialité retrouvée autour de la bière et du schnaps, comme au bon vieux temps des années 1950.

PÉTANQUE,
Paul-Lincke-Ufer, entre les rues Förster et Liegnitzer.
Sur la rive nord du Landwehrkanal, là où les berges offrent verdure aux promeneurs et pistes aux cyclistes, un boulodrome est à la disposition des joueurs qui, souvent, sont des champions. Il n'y a aucun complexe à avoir le vendredi à partir de 18 h 30, tout le monde étant admis à une compétition plus que décontractée pour une contribution minime de 3 €. Pour tout renseignement concernant la pétanque à Berlin, contacter le Cercle bouliste de Berlin (T/fax 46 22 034), ou consulter www.berlinoiseboule.de.

Les bonnes adresses

DELI,
Bergmannstr. 21.
Ouv. tlj de 10 h à minuit.
Depuis sept ans, cette petite brûlerie ne désemplit pas. On y achète les meilleurs cafés aromatisés de Berlin – que l'on peut aussi déguster sur place –, ou on se réchauffe avec un succulent chocolat chaud.

Radio Art

LE THÉÂTRE DU BRIC-À-BRAC,
Trödeltheater, 112 Bergmannstr. Ouv. tlj de 10 h jusqu'à la tombée de la nuit.
La longue Bergmannstraße, au sud de Kreuzberg, attire les alternatifs, les

excentriques, les nostalgiques et les décontractés en tout genre. Les sous-sols du n° 112 et des environs regorgent de brocantes, où il est possible de trouver la pièce rare. Tenu par des Turcs du quartier, ce souk aux antiquités est une adresse secrète réservée aux connaisseurs.

RADIO ART,
Zossener Str. 2, T 693 94 35.
Ouv. du jeu. au ven. de midi à 18 h, sam. de 10 h à 13 h.
La passion pour les anciens postes de radio de ce technicien du son l'a tout naturellement conduit à ouvrir une boutique-atelier de réparation, qui, au fil du temps, s'est mise à ressembler à un musée. Il achète et répare les postes des trente premières années de l'histoire de la radio. Beaucoup de gens lui font don de leurs anciennes boîtes à musique poussiéreuses, sauf les nostalgiques.

GROßER UNFUG,
Zossener Str. 12. Ouv. tlj de 11 h à 19 h, sam. jusqu'à 16 h.
Les bandes dessinées sont peut-être des « grosses bêtises » (« großer Unfug »), mais pas pour les vendeurs, qui passent pour les meilleurs experts du genre. On trouve dans ce magasin un impressionnant rayon de BD internationales, ainsi que des accessoires et des expositions tournant autour.

KERAMIKCOLLAGEN,
Falckenstr. 46. Ouv. du lun. au ven. de midi à 18 h.
Comme l'indique l'enseigne, le céramiste Paul Reimert réalise des collages. Ses supports en plâtre représentent

des personnages et des animaux de toutes tailles, qu'il anime admirablement avec de petits morceaux de faïence. Son fonds, il se le crée lui-même, à partir de vaisselle récupérée aux puces, puis brisée sur le sol... Un petit pied-de-nez à la modernité qui envahit le quartier.

ATELIER & GALERIEWERKSTATT,
Solmstr. 30, T 61 62 59 95.
Ouv. du mar. au ven. de 16 h à 19 h, sam. de 11 h à 16 h.
Par beau temps, la mignonne courette à colombages sert d'atelier depuis quinze ans au sculpteur Matthias Maßwig, qui travaille le bois, avec une prédilection pour le peuplier, un matériau qu'il considère comme très sensuel. Ses créations – personnages ou objets du quotidien, qui séduisent au toucher – sont exposées dans la galerie attenante. À la même adresse se trouve une boutique de vêtements d'occasion pour bébés (Anna-Lee's, T 69 58 23 36, ouv. tlj de midi à 18 h). En été, théâtre de marionnettes le week-end dans cette coulisse naturelle, à laquelle glycines et roses confèrent un air de jardin.

SCHUHTANTEN,
Paul-Lincke Ufer 44. Ouv. du lun. au ven. de 11 h à 19 h, sam. de midi à 18 h.
Cette jolie boutique de chaussures contraste dans ce quartier plutôt alternatif, sur les bords du Landwehrkanal. De l'autre côté se tient, les mardis et vendredis, le légendaire marché turc (*türkischer Markt*).

Manger

ABENDMAHL,
Muskauer Str. 9, T 61 25 170. Ouv. tlj à partir de 18 h. De 9 à 18 € le plat.
C'est une adresse culte à Kreuzberg, avec son kitsch d'église et ses peintures d'anges voluptueux. La cuisine, plutôt basée sur les produits de la mer, fait aussi une grande place aux légumes, toujours servis très frais. Les plats portent des noms bizarres comme « Attention, peep-show ! », ou « Hôpital délicieux » pour un dessert à base de glace, qui est excellent.

LE BATEAU IVRE,
Oranienstr. 18, T 61 40 36 59. Ouv. tlj à partir de 9 h. Environ 7 € le déjeuner.
Ce n'est qu'un café avec beaucoup de

gâteaux que le Français Vivien Laurent voulait ouvrir à Kreuzberg. Mais, voilà, sa fidèle clientèle revient jusque tard le soir pour goûter à ses tapas, aux fromages de son pays, aux jambons et salamis italiens. Ses tartes continuent de remporter le plus grand succès, surtout celle aux myrtilles, servie avec des poires. Rien pour le régime !

MERHABA,
Hasenheide 39, T 69 21 713.
Ouv. tlj à partir de midi.
De 9 à 16 € le plat.
Voilà une des meilleures adresses turques de Berlin, les plats de viande de mouton et les grillades étant particulièrement bien préparés. Pas de concession aux modes, qu'il s'agisse de cuisine ou d'ambiance. Ici, c'est la qualité qui prime.

MORENA,
Wiener Str. 60, T 61 14 716.
Ouv. tlj de 9 h à 4 h du matin.
De 3 à 9 € le petit déjeuner.
Ici, comme c'est souvent le cas à Berlin, on peut petit déjeuner jusque tard dans l'après-midi. Et, si l'on attend encore deux heures, les cocktails de l'happy hour sont à moitié prix. Il y a rarement de temps creux dans ce café. D'ailleurs, personne n'en veut, à Kreuzberg !

HEIMECK,
angle Bergmannstr. et Heimstr.
Ouv. tlj à partir de 10 h.
Dans cet authentique estaminet (*Eckkneipe*), on venait en voisin « chopiner » de la bière et écouter les dernières rumeurs avant que la télévision envahisse les salons. Le vendredi soir, les femmes venaient rejoindre les maris qui rapportaient la paie de la semaine. La patronne – troisième génération de la famille Strehl –, qui a conservé le décor désuet des années 1950, ouvre tous les jours et ferme tard avec les derniers clients, des habitués qui fréquentaient le lieu avec leurs parents. On y trouve des bières Kulmbacher et Krumbacher (compter 2 € pour 25 cl), et des saucisses chaudes pour apaiser les petites faims.

CAFÉ TURANDOT,
Bergmannstr. 93. Ouv. tlj de 10 h à 13 h.
Une *Eckkneipe* reconvertie en bistro-café pour la jeunesse estudiantine de l'arrondissement. L'ambiance est alternative, avec musique indienne et décor végétal. Il y a un troc de livres dans la seconde pièce. En face, au n° 17, la belle maison wilhelminienne se pavane avec ses gros balcons fermés.

Boire un dernier verre

WÜRGEENGEL,
Dresdener Str. 122, T 61 55 560.
Ouv. tlj à partir de 19 h.
3,50 € le long drink, 2 € le soft drink.
Intérieur feutrée bordeaux et musique pas trop forte pour ce bar dont le nom est aussi celui d'un film de Buñuel (*L'Ange exterminateur*, 1962). Celui qui franchit le seuil de cet établissement ne le quitte souvent qu'au petit matin ; comme les personnages du film, il est envoûté par l'atmosphère et les cocktails, qui passent pour les plus « explosifs » de la ville.

Heimeck, une Eckkneipe

Services

VESPASIENNES CLASSÉES,
Café Achteck, Chamissoplatz.
Les Berlinois ne passent pas pour être particulièrement prudes ; toutefois, ils appellent les anciennes « Sanisette » publiques datant du dernier Kaiser « cafés octogonaux ». Les édicules verts sont souvent en mauvais état, mais celui de la place Chamisso vient d'être restauré et classé.

Dormir

GROSSBEERENKELLER,
Grossbeerenstr. 90, T 74 24 984, fax 74 23 930. Ouv. tlj sauf dim. à partir de 18 h. De 42 à 65 € la ch.
6 chambres confortables dans une rue tranquille. L'ambiance est familiale. Le restaurant de la maison (T 25 13 064) sert depuis bientôt un siècle une authentique cuisine berlinoise.

Berlin

Café Achteck

AM HERMANNPLATZ,
Kottbusser Damm,
T 69 59 130, fax 69 41 036.
65 € la ch.
Cette petite maison de 14 chambres située en plein arrondissement offre un bon rapport qualité/prix.

RIEHMERS HOFGARTEN,
Yorckstr. 83, T 78 09 88 00,
fax 78 09 88 08.
À partir de 120 € la ch.
Une cour intérieure typique du Kreuzberg bourgeois de la fin du XIXe siècle, des plafonds hauts et un service attentionné en font une charmante adresse, qui a ses habitués.

DIE FABRIK,
Schlesische Str. 18, T 61 17 116,
fax 61 82 974. À partir de 34 € la ch. simple, 15 € en dortoir.
C'est un hôtel « alternatif » fort sympathique dans une ancienne fabrique en briques rouges. Sur cinq étages, on a le choix entre des chambres simples, doubles, triples, ou un dortoir. Le petit déjeuner s'avale au café du coin.

MITWOHNERAGENTUR,
T 78 91 39 71, fax 78 50 614.
Cette agence dispose d'une bonne liste d'adresses de chambres chez l'habitant. Compter de 34 à 41 € pour une personne seule, de 27 à 34 € à deux.

La tour de télévision

Friedrichshain

Jamais entendu parler de Friedrichshain ? C'est pourtant juste derrière le Mur. On sait tout aussi peu que c'est au nord du plus petit arrondissement de Berlin qu'après guerre débutèrent les grandes constructions dignes de la capitale de la RDA, précisément dans la Stalinallee, aujourd'hui Karl-Marx et Frankfurter Allee. Les occupants des luxueux appartements d'antan sont toujours là ; ils se font vieux et ne déambulent plus sur ce qui fut la plus belle avenue de Berlin-Est. Une génération plus tard : plus au sud, autour de la Boxhagener Platz, à peine le Mur tombé, des jeunes de l'Ouest qui avaient investi des maisons vétustes instaurèrent leurs propres lieux de sortie, de rencontres et de convivialité. La *Szene* de Friedrichshain a le charme suranné des anciens quartiers prolétaires. On porte avec ostentation des cheveux verts ou rouge feu, des piercings et des tatouages, on préfère les vêtements achetés au kilo, on roule beaucoup à vélo. Ou l'on court, comme la protagoniste du film *Lola rennt*, qui, croyant venir en aide à son ami, est finalement à la recherche de sa propre identité. Enfin, tout au sud, le long de la Spree, se trouve l'East Side Gallery : 1,3 km du « rempart antifasciste » transformé en galerie de plein air par des artistes internationaux. Dix ans après, les couleurs sont à la recherche d'un nouveau souffle.

La fontaine des Contes

Découvrir

WEBERWIESE,
Marchlewskistr. 25.
Cet édifice de huit étages bâti en 1951 fut le premier immeuble de l'ex-Berlin-Est classé monument historique par la RDA. Il servit de pilote aux immeubles construits, le long de la Stalinallee (Frankfurter Tor et Karl-Marx-Allee depuis 1961), selon les vœux du gouvernement de la RDA, à savoir de faire vivre les ouvriers dans des « palais ».

Les logements étaient très luxueux pour l'époque, avec vide-ordures, téléphone et, sur le toit, une terrasse à balustrades. Il sont encore habités ou occupés par des bureaux. De belles céramiques de Meissen recouvrent les façades ; sur celle de l'entrée principale, on lit cette citation de Brecht : « La paix dans notre pays, notre ville ».

KARL-MARX-ALLEE
Une balade entre la Frankfurter Tor et l'Alexanderplatz est, aujourd'hui, un

voyage dans l'histoire architecturale de la RDA. En remontant ce qui fut l'avenue des parades et de la pompe, on découvre des bâtiments à l'architecture « pâtissière ».

Aux n°s 114/116 se trouve la première HLM de luxe, construite en 1952 sur la grande avenue. Officiellement, seuls les ouvriers y étaient admis, mais ils devaient patienter sur une longue liste d'attente. Les logements rafraîchis récemment demeurent coquets. De la céramique blanche recouvre toute la façade.

LA FONTAINE DES CONTES,
Märchenbrunnen, Volkspark.

Ce coin féerique lové à l'ouest du parc, au pied de la plus grande colline, reste méconnu des Berlinois. Protégée par un magnifique écrin baroque, la fontaine aux Contes, signée Ludwig Hoffmann, date de 1913. Elle fut offerte à la population par la municipalité de l'époque. C'est une mise en scène théâtrale des animaux chers aux frères Grimm, avec conférence de grenouilles et crapauds en pierre qui crachent de l'eau. Attendrissante aussi est la jeune fille aux longues nattes, sollicitée par six pigeons.

HELENENHOF ET KNORRPROMENADE

Deux adresses rares dans l'ancien Berlin-Est. De part et d'autre de la Wühlischstraße, une cour et une promenade contrastent sérieusement avec les immeubles populaires du quartier. Les bâtiments de quatre étages datent du début du siècle ; ils présentent des éléments du Jugendstil et sont magnifiquement restaurés.

La Helenenhof, une cour paisible bâtie en 1903 pour les familles des architectes, trahit un goût prononcé pour les balcons, qui font penser à des loges. Le 9 de la Knorrpromenade, qui date des années 1920, mérite aussi le détour.

OBERBAUM-CITY,
Warschauer Platz.

La reconversion des trois bâtiments en briques de la monumentale fabrique d'ampoules qui fonctionna de 1909 à 1992 est exemplaire. Ils sont situés tout de suite au nord du pont Oberbaum. Avec leur toit à pignon baroquisant, leurs fenêtres-vitraux, ce sont des cathédrales des temps nouveaux. Le lieu héberge des universités techniques, le centre de design international IDS et est animé par des boutiques et quelques restaurants. Tout cela mérite une visite. Une enfilade de cours intérieures carrées, avec des fontaines en granit, met en valeur les parties anciennes qui ont pu être conservées. Admirer, au n° 6, l'étroite façade néo-gothique d'une ancienne école de tissage (1909).

Karl-Marx-Allee

ZWINGLIKIRCHE,
Rudolfstr. 14.
Inattendu dans ce carré moderne, le beau temple Zwingli, avec tourelle, porte le nom du réformateur calviniste, dont un immense bronze orne le porche principal. Construit en 1908, il fut financé par les industriels de l'époque, plutôt enclins à cette version austère du culte.

Les loisirs

PROMENADE DANS LE VOLKSPARK,
angle Friedenstr., Landsberger Allee.
Sous deux collines se dissimulent les restes de bunkers de la Wehrmacht, massivement bombardés en mai 1945. Il circule beaucoup de rumeurs autour des trésors des musées de la ville qui y étaient déposés et n'auraient pas brûlé. Des sentiers serpentent à travers une nature qui a repris ses droits et conduisent au sommet. Ils font le bonheur des promeneurs, joggeurs et adeptes de sports zen, qui trouvent ici le calme parfait. Un charmant pavillon japonais au bord de l'étang (Schwanenteich) et une brasserie en plein air (ouv. tlj de 8 h à 23 h) invitent à faire une pause. En été, le cinéma en plein air (*Freiluftkino*) attire les familles en grand nombre.

Estalgie

INTIMES,
coin Boxhagener Str.
et Simon-Dach-Str.,
T 29 66 46 33.
C'est une relique du Berlin des années 1920. Cette mini-salle de cinéma a conservé son vieux poêle ; c'était à l'époque où les gens payaient avec du charbon de bois. Sous le régime de la RDA, c'était un petit coin d'évasion, surtout aux séances de minuit, souvent suivies en pyjama et pantoufles. Rien n'a en fait vraiment changé depuis.

Les bonnes adresses

WÜHLISCHSTRAßE
Moins connue que la Simon-Dach-Straße, la Wühlisch est une des adresses les plus fantasques du moment. Si l'on n'est pas d'accord avec l'adage selon lequel les choses dont on n'a pas besoin rendent la vie superficielle, alors c'est une rue tout indiquée. Au n° 31 (Historische Schuhe), on vend des chaussures « historiques » dans un capharnaüm incroyable, l'histoire débutant ici en 1928. Juste à côté – c'est toujours le 31 –, Traschick donne le ton du quartier avec un de ces jeux de mots dont raffolent les Berlinois. Pour être « très chic », on s'habille « trash », on porte des *Klamotten*, le nom allemand des fripes. Tout près, les puces du dimanche matin, sur la Boxhagener Platz, sont symptomatiques de l'état d'esprit de a nouvelle branchitude berlinoise. Elles sont faites par et pour ceux qui trouvent le beau dans les objets inutiles.

Estalgie

MONDOS ART BERLIN,
Schreinerstr. 6, T 42 01 07 78.
Ouv. du lun. au ven. de 11 h à 20 h, sam. de 11 h à 16 h.
Comment reconnaît-on que l'on se trouve dans l'ancien Berlin-Est ? Question récurrente. Le Mur ayant disparu, la réponse semble vitale pour beaucoup de visiteurs, même allemands. Mais il suffit de regarder les feux de circulation. Deux petits bonshommes chapeautés donnent, à l'Est, les ordres de passage. Ces lampes clignotantes font partie de la panoplie « estalgique » vendue dans ce magasin, le plus farfelu de la capitale.

LA LIBRAIRIE KARL-MARX,
Karl-Marx-Buchhandlung, Karl-Marx-Allee 78. Ouv. du lun. au ven. de 10 h à 19 h, sam. de 9 h à 16 h.
Après la réunification, la fameuse Karl-Marx-Allee, aussi impressionnante

par sa largeur que par sa longueur (2,5 km), était devenue superflue, tout comme ses commerces. Parmi les rares à avoir survécu, la vénérable librairie du même nom, jadis le plus grand point de vente de livres à Berlin-Est. Abritée dans le bâtiment le plus représentatif de l'architecture de la RDA, elle a été conservée telle qu'elle était, avec ses belles boiseries des années 1950. S'y rendre, c'est respirer un petit air de l'ancien Berlin-Est intellectuel, la littérature étant la mémoire des lieux.

ANTIQUITÉS,
Antiquariat, Warschauer Str. 60.
Ouv. du lun. au sam. de 11 h à 19 h, dim. de 14 h à 18 h.
Proust côtoyait-il déjà Brecht au temps du Mur ? Le propriétaire bricole au milieu de quelques livres dans son échoppe très RDA, comme si le temps s'était arrêté pour lui.

Services

COIFFEUR,
Kaiserschnitt, Wühlischstr. 34,
T 61 28 50 50. Ouv. du lun.
au sam. de midi à 19 h.
Le salon de coiffure le plus extravagant de la ville mérite le détour. L'ambiance est celle d'un appartement des années 1950, avec tapisseries à petites fleurs roses. L'équipement date de la même époque, et tout – comme les meubles de la salle d'attente, qui sont à vendre – fut récupéré dans l'ancienne RDA. Maria, Polonaise, coupe les cheveux des femmes (25 €). Elle a transformé sa pièce en autel, avec Vierge, Christ et bougies qui brûlent tout le temps. Le client apporte sa musique – on connaît bien Piaf. Le patron coupe les chevelures masculines (20 €). Ici, on ne prend pas rendez-vous : on vient et on attend son tour en bonne compagnie.

TOILETTES POUR FEMMES,
Sushi Cocktailbar, Boxhagener Str. 108.
Ouv. à partir de 17 h.
Quand des Japonais de Friedrichshain ont réfléchi à l'épineux problème des toilettes féminines, ils en ont déduit que les Berlinoises avaient besoin de deux cuvettes de W-C, puisqu'elles y vont toujours à deux. Pourquoi attendre derrière la porte quand on peut être ensemble ? Cette idée lumineuse a pris forme. Depuis deux ans, dans les toilettes pour femmes de cet authentique sushi-bar, les deux cuvettes placées côte à côte sont la fierté du patron et font sourire la clientèle. Un des abattants est « culturel », avec le portrait Néfertiti, l'autre représente plus prosaïquement le rallye de Monaco. Allez savoir pourquoi.

Manger

CAFÉ SYBILLE,
Karl-Marx-Allee 72. Ouv. tlj de 10 h à 20 h.
Une association désireuse de redonner de l'éclat à ce qui fut la vitrine du Berlin-Est vient de rouvrir l'ancien Café Sybille, qui connut ses heures de gloire en 1953, avec le premier bar à glaces de l'Est. Le décor est résolument sans nostalgie, avec la tradition du café-et-gâteau allemand. On y trouve des en-cas contre les petits creux et des vins français pour le plaisir. Fort intéressants sont les documents exposés dans une salle attenante, qui relatent les hauts et les bas de ce qui fut « la plus grande avenue d'Europe ». Quelques tables sont dressées sur le large trottoir en été.

INTIMES,
Boxhagener Str. 107, T 29 66 64 57.
Ouv. tlj à partir de 8 h. De 5 à 11 € le plat.
On y vient pour goûter à l'un des 12 petits déjeuners turcs ou une omelette bien relevée au fromage de chèvre mariné. Le café est aromatisé, selon les goûts, à la cannelle, à la figue, à l'amande, etc. Petits prix.

Estalgie

GLÜHLAMPE,
Au coin de Warschauerstr. et Rudolfstr.
Ouv. tlj de midi à minuit.

Une authentique *Eckkneipe* fait de la résistance dans ce carré juste au nord de la Spree. Le bar, tout comme le buffet, sont du plus pur Jugendstil, les deux peintures murales des années 1920 célèbrent les sorties en guinguettes, le linoléum marron et la toile cirée à petits carreaux bleus et blancs sont typiques des décennies socialistes. Signe des temps : on ne ferme plus à minuit, la bière bavaroise a remplacé la Berliner Pilz, les prix ont triplé ; ils restent toutefois bas pour Berlin.

DIE TAGUNG,
Wühlischstr. 29, T 29 28 756.
Ouv. tlj à partir de 19 h.
Voilà un établissement pour les nostalgiques de l'Est : buste de Lénine, photos de Honecker avec crêpe noir et, au zinc, on commande une bière « Roter Oktober », « Octobre rouge ».
Tous les jeudis se tiennent ici des soirées littéraires avec de jeunes écrivains. Les prix sont modérés.

Dormir

UPSTALSBOOM HOTEL,
Gubener Str. 42, T 29 37 50,
fax 29 37 57 77. À partir de 75 € la ch.
Les prix sont intéressants le week-end et pour les familles, qui sont choyées dans ce nouvel hôtel d'une chaîne du nord de l'Allemagne. Les animaux sont acceptés, des vélos et une belle salle de fitness sont mis à la disposition de la clientèle. À proximité de la Karl-Marx-Allee.

Marzahn, Lichtenberg, Hellersdorf, Hohenschönhausen

Les Berlinois connaissent très mal l'est de la capitale, les touristes ne s'y égarent pas. Sous la RDA, des kilomètres de blocs d'immeubles furent construits. On négligea totalement l'infrastructure qui fait fonctionner un quartier. C'est ainsi qu'aujourd'hui encore l'endroit est dépourvu d'hôtels, de restaurants et d'animation. L'arrondissement de Lichtenberg est hypothéqué d'un lourd passé, dans la mesure où il hébergea le siège de la Stasi (service de la sûreté de l'État) et sa prison de sinistre réputation. Toutefois, un tour dans le vaste Berlin-Est donne une image significative de ce que fut l'urbanisme sous le régime de la RDA.

Découvrir

Lichtenberg

LE SIÈGE CENTRAL DE LA STASI,
Stasi-Zentrale, Ruschestr. 103/Haus 1.
Ouv. du lun. au ven. de 11 h à 18 h, sam. et dim. de 14 h à 18 h. Entrée : 2,50 €.
En janvier 1990, quelques mois après la chute du Mur, des milliers de défenseurs des droits du citoyen prirent d'assaut l'imposant bureau central de la Stasi. Ils tentèrent de sauver une partie des archives que les services secrets communistes voulaient détruire afin d'effacer toute trace compromettante. On visite les bureaux du chef de la Stasi, Mielke, et on s'informe sur les pratiques des services secrets, appelés populairement « *Firma Horch und Guck* », « l'usine Écoute et Regarde ».

FRANZ-JACOB-STRAßE 1-3
Dans cette rue de Lichtenberg furent construits tout de suite après la guerre les premiers complexes d'habitations modernes qui allaient caractériser la RDA : des sortes de casernes lugubres et interchangeables.
À l'heure actuelle, une poignée d'artistes tente d'y mettre un peu de couleur et de fantaisie. Le meilleur exemple est le travail du peintre espagnol Gustavo, rue Franz-Jacob.

LE MUSÉE GERMANO-RUSSE,
Deutsch-Russisches Museum,
Zwieseler Str. 4. Ouv. du mar. au dim. de 10 h à 18 h. Entrée libre.
Dans la nuit du 8 au 9 mai 1945 fut signée, dans cet ancien mess des officiers, la capitulation sans condition de l'armée allemande. La Seconde Guerre mondiale était officiellement terminée.

Ensuite, la grande villa devint le siège de l'administration militaire soviétique, puis le Musée germano-russe.

Hohenschönhausen

LA PRISON DE LA STASI,
Stasi-Gefängnis, Genslerstr. 66.
Seulement visites guidées dim. et lun. à 11 h et 13 h.

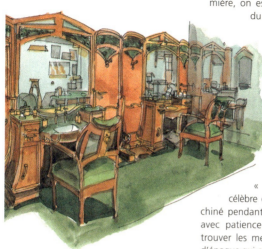

Le musée de la Coiffure

Une ancienne usine sur un terrain retiré fut réquisitionnée par les services secrets russes et transformée en prison préventive, dont hérita le régime de la RDA. D'anciens prisonniers politiques organisent des visites d'une heure et demie très émouvantes des pièces où se déroulaient les interrogatoires aux cellules. Avec les visiteurs, ils simulent le premier interrogatoire, qui fait froid dans le dos. Aujourd'hui encore plane l'odeur pénétrante typique des pays de l'Est, due aux produits de nettoyage de mauvaise qualité.

HELLERSDORF
Une ancienne colonie slave du IXe siècle, en bordure de Berlin, fut rattachée à l'arrondissement de Hellersdorf il y a quelques années. La petite église en pierres du XIIIe siècle mérite le détour.

Mahlsdorf

LE MUSÉE DU GRÜNDERZEIT,
Gründerzeit-Museum, Hultschiner Damm 333. Ouv. du mer. au dim. de 10 h à 18 h. Entrée : 3,50 €.
En pénétrant dans cette gentilhommière, on est transporté à la fin du XIXe siècle, dans l'ère wilhelminienne, époque où l'industrialisation connut un formidable essor et qui entraîna une vague de constructions cossues.
Charlotte von Mahlsdorf, que la presse nomma « le travesti le plus célèbre de la République », a chiné pendant plusieurs décennies avec patience et éclectisme pour trouver les meubles et accessoires d'époque qui constituent le fonds du musée. Pour des raisons personnelles, la fondatrice s'est retirée en Suède au début des années 1990. Une association s'occupe de la collection – qui est unique en son genre et séduit tous les nostalgiques. La chambre à coucher, restituée dans tous ses petits détails, fait regretter les années passées.

Marzahn

ALT-MARZAHN
Tel un mirage au milieu d'interminables allées de HLM, le centre du petit village de Marzahn est coquettement restauré, avec ruelles pavées, une douzaine de maisonnettes basses, une église et une auberge. Les premières habitations remontent au XIIIe siècle.

LE MUSÉE DE LA COIFFURE,
Friseurmuseum, Alt-Marzahn 31,
T 54 10 231. Ouv. du mar. au dim. de 10 h à 18 h. 4,50 €.
Le musée de la Coiffure, hébergé depuis 1995 dans une jolie villa du vieux village de Marzahn, est une perle discrète dans le paysage berlinois. L'initiative en revient à un antiquaire, qui a chiné pendant trente-cinq ans pour dénicher de nombreux objets retraçant l'histoire de la coiffure de 1890 jusqu'aux années 1970. On peut ainsi voir quelques ustensiles – rasoirs, ciseaux et

cuvettes de barbier – datant du XVIIIe siècle, ainsi qu'une magnifique collection de peignes, mais aussi un poêle à gaz de 1900 qui servait à sécher les perruques, des meubles, des flacons des années 1920 ou des cosmétiques d'autrefois. Le clou de l'exposition est le salon du coiffeur berlinois de la cour Haby, pur Jugendstil et signé Henry Van de Velde (1901). Un must pour les amoureux de ce style et les curieux de tout poil.

LE MOULIN À VENT,
Bockwindmühle, angle Landsberger Allee et Allee der Kosmonauten. D'avril à octobre, du lun. au ven. de 10 h à midi et de 13 h à 16 h, dim. de 15 h à 17 h. Dans cet ancien moulin reconstruit sur une colline artificielle, on peut observer le meunier au travail.

LE JARDIN CHINOIS,
Eisenacher Str. 69. Ouv. tlj de 9 h à 17 h, en été jusqu'à la tombée de la nuit. Entrée : 1,50 €.

Quelle surprise que cette immense aire de verdure en plein milieu des HLM de l'ancienne RDA et des rues bétonnées, sur laquelle sont dispersés pagodes, maisons de thé, étangs et fontaines. Pour le 750e jubilé de Berlin, une douzaine d'experts en jardinage et d'architectes venus de Chine réalisèrent le plus grand jardin chinois d'Europe, dont tous les matériaux furent importés. Dans l'un des magnifiques pavillons, on peut assister, le week-end (sam. et dim. à 15 h et 16 h 30), à une authentique cérémonie du thé. Il est préférable de réserver (T 39 45 564).

UN TROMPE-L'ŒIL GÉANT,
Eisenacher Str.
Depuis l'entrée du parc chinois, on aperçoit un trompe-l'œil vertigineux sur l'une des HLM de la rue Eisenacher – un des rares de Berlin. Il représente deux travailleurs assis aux extrémités d'une longue planche en équilibre dans les airs.

Marzahn, le Jardin chinois

Manger

Marzahn

LE POT-AU-FEU,
Allee der Kosmonauten 33F,
T 54 16 117.
Ouv. tlj à partir de 11 h.
De 9 à 18 € le plat principal.

C'est une des rares adresses du grand Est de la ville que l'on peut recommander. La bonne cuisine est concoctée par un Alsacien qui met un zeste de gourmandise au milieu de ces tristes HLM typiques de Berlin-Est. Le homard sort directement du bassin et les huîtres sont très fraîches.

Dormir

Kaulsdorf

SCHLOß KAULSDORF,
Brodauer Str. 33, T 56 59 50,
fax 56 59 52 22. 115 € la ch.

Cet hôtel nouvellement construit dans le style néoclassique, avec des emprunts à la Renaissance italienne et aux couleurs impériales abricot, blanc et doré, constitue un bel ensemble romantique. On y découvre un douillet jardin d'hiver, des terrasses en marbre et une fine cuisine allemande et, chaque samedi, une soirée dansante dans la belle salle de bal parquetée. Le prince charmant n'est pas loin.

Prenzlauer Berg, Pankow

Après la chute du Mur, l'arrondissement de Prenzl-Berg, comme l'appellent familièrement ses habitants en diminutif, devint vite un quartier à la mode pour les *Wessies*. Artistes, écrivains et acteurs y trouvèrent un quartier d'élection. C'était traditionnellement un lieu de rencontre pour les résistants aux dictatures, comme ce fut le cas sous le national-socialisme et le régime de la RDA. Entre-temps, l'attrait du quartier est retombé ; il en reste une flopée d'adresses de bars et de boutiques. L'arrondissement de Pankow, plus au nord, est beaucoup plus tranquille. Il compense son peu de monuments par un beau cadre de verdure. À Weißensee, une banlieue campagnarde du nord-est de Berlin qui connut peu de bombardements, se trouve le plus grand cimetière juif d'Europe.

Découvrir

Prenzlauer Berg

GETHSEMANE KIRCHE,
Stargard Str.
Nulle part ailleurs à Berlin-Est la dissidence au régime de la RDA ne fut aussi active que dans cette maison de Dieu. Elle fut donc placée sous la surveillance permanente de la police durant les mois mouvementés qui précédèrent le grand « tournant ».
On ne peut visiter ce symbole de l'opposition au gouvernement de l'Est que lors de l'office du dimanche matin (à 11 h), comme c'est le cas pour tous les temples protestants.

HUSEMANNSTRAßE
Cette rue proche de la place très animée Kollwitz fut entièrement restaurée par la RDA, comme témoignage de l'époque wilhelminienne (Gründerzeit), qui débuta vers 1880, avec l'essor de l'industrie allemande. Aujourd'hui, cette rue qui compte de nombreuses boutiques et des restaurants est l'endroit de Berlin-Est où il fait bon flâner.

LE MUSÉE DE LA CONTREFAÇON,
Kulturbrauerei, Knaackstr. 97,
T 44 19 270. Ouv. du mar. au ven. de 14 h à 18 h, sam. de 10 h à 16 h. 4,20 €.
Ce musée récent s'est installé dans une immense brasserie classée monument historique et réputée pour ses manifestations culturelles et ses événements. L'initiative en revient au créateur Rido Busse, qui collectionne depuis vingt-cinq ans les originaux et leurs plagiats, depuis que lui-même fut victime de la contrefaçon. C'est un voyage dans un monde où la copie est parfois plus réussie que le modèle.

ART NOUVEAU POUR UNE STATION D'ÉPURATION,
Abwasserpumpwerk,
Erich-Weinert Str. 131.
Comme souvent à Berlin, les stations d'épuration datent du début du xxe siècle. Celle de Prenzlauer Berg arbore une magnifique façade Jugendstil (1908). Dans cette rue caractéristique de l'ex-RDA, le gouvernement avait ouvert des écoles et l'Institut national de Danse. Le temps semble s'y être arrêté.

Pankow

LE CHÂTEAU NIEDERSCHÖNHAUSEN,
Ossietzkystr. Visites guidées sam. et dim. à 12 h 30, 14 h et 15 h 30. Entrée : 1,50 €.
Un très beau parc a été aménagé en 1830 dans le style des jardins anglais par

le paysagiste Lenné, maître d'œuvre du Tiergarten, avec des platanes et des chênes majestueux, mais aussi des espèces plus rares comme les caryas – de la famille des noyers –, les tulipiers, les ifs. Le château, où vécut pendant quarante ans la reine Louise que Frédéric le Grand répudia, devint la résidence du premier président de la RDA, Wilhelm Pieck, puis il accueillit les invités de la République démocratique Aujourd'hui, il est malheureusement dans un état lamentable. Son avenir est incertain.

MAJAKOWSKIRING, UNE RUE DE LA « PETITE VILLE »

Jusqu'au milieu des années 1970, le quartier résidentiel des dirigeants de la RDA, au nord de l'arrondissement de Pankow, était hermétiquement fermé. Les Berlinois l'appelait « *das Städchen* », la « petite ville ». Puis, pour des raisons sécuritaires encore plus draconiennes, les hauts responsables quittèrent ce coin idyllique pour Wandlitz, au nord-est de Berlin.

Les loisirs

LEVER DE SOLEIL AU VOLKSPARK,
sur la Prenzlauer Berg,
monter par la Sigridstr.

Le point culminant pour terminer en beauté la nuit passée dans les *Kneipen* branchées du Prenzlau, c'est le spectacle d'un magnifique lever de soleil au Volkspark. De là, on a en outre une perspective spectaculaire sur l'est de Berlin. La colline est, comme souvent dans cette ville, une ancienne décharge où la nature a repris ses droits. Romantisme urbain pur !

Le planétarium de Prenzlauer Berg

MÉDITATION ZEN,

Danziger Str. 61, T/fax 32 56 440.
Ouv. dim. de 11 h à 18 h.
Se renseigner, car les horaires
changent selon les saisons
et la disponibilité des moines.
Les quelques mètres de bambous dans la triste Danziger Straße signalent au passant la galerie Ye Rim Won, où l'on peut découvrir l'art coréen et des poèmes de Goethe calligraphiés en savourant une tasse de thé aux dattes et des petites douceurs asiatiques. Le maître des lieux, le moine zen coréen Byong-Oh Sunim, enseigne la calligraphie de son pays et de la Chine. Dans le fond, le temple Bo Mun Sa accueille le dimanche prières bouddhistes, méditation zen et récitations, ainsi que des séances de tai chi et de chi kung.

PLANÉTARIUM,

Zeiss-Großplanetarium,
Prenzlauer Allee 80.
Ouv. du lun. au ven. de 10 h à midi, mer. et dim. de 13 h 30 à 20 h. Entrée : 4 €.
On assiste à des projections de films sous un ciel étoilé dans le cinéma Odyssee-Kino du grand planétarium, doté d'une architecture moderne remarquable.

Les bonnes adresses

LANDWERKSTATT BABE,

Husemannstr. 5. Ouv. du lun. au ven. de 10 h à 19 h 30, sam. de 9 h à 16 h.
Ute, une jeune campagnarde du nord de l'Allemagne, décida il y a deux ans de venir vendre elle-même ses pulls en laine faits main dans la capitale. Son succès fut tel qu'elle engagea des tricoteuses pour répondre à la demande. Des centaines de petites laines en tout genre, dont raffolent les jeunes filles, s'entassent dans sa boutique-atelier, qui s'ouvre chaleureusement sur un large trottoir, tout près de la Kollwitzplatz. Une adresse que s'échangent les étudiantes, qui se sont mises à tricoter dans les amphithéâtres.

MARCHÉ BIO,

Kollwitzplatz.
Le jeudi et le samedi, l'un des meilleurs marchés bio de Berlin s'installe sur la place Kollwitz. Les habitants de ce quartier très branché y trouvent, en plus d'un grand choix de vins bio européens, tout un assortiment de pullovers tricotés à la main, des chemises

en lin, des coussins remplis d'herbes aromatiques, des jouets et des ustensiles de cuisine en bois non traité. Ceux qui ne trouvent pas chaussure à leur pied (en l'occurrence, des pantoufles en paille de maïs) peuvent compenser leur frustration dans l'un des nombreux bistros autour de la place.

BIÈRES DU MONDE,
Biere der Welt, Husemannstr. 3.
À cette adresse, on trouve plus de 100 sortes de bières du monde entier. Accueil sympathique et dégustation. On peut bénéficier gratuitement d'une leçon sur les meilleures bières de la planète.

Manger

ANITA WRONSKI,
Knaackstr. 26, T 44 28 483.
Ouv. tlj à partir de 9 h.
C'est un des cafés branchés de Prenzlauer Berg, éternellement à la mode, peut-être à cause de ses copieux petits déjeuners à la carte et, le week-end, de son buffet réputé pour ses belles assiettes de charcuteries et ses plats végétariens pour 7 €. Des prix qui restent corrects, même après minuit, quand on vient ici boire une dernière bière ou un cocktail maison.

FRIDA KAHLO,
Lychener Str. 37, T 44 57 016. Ouv. tlj à partir de 10 h. De 4 à 11 € le plat.
Dans ce restaurant qui porte le nom de la célèbre peintre mexicaine, des compatriotes concoctent les petits plats de leur pays, comme l'*arroz con mariscos*, cette délicieuse paella mexicaine composée de poissons et de fruits de mer. Dans le quartier branché du Prenzlauer, c'est l'une des adresses exotiques les plus populaires.

KONNOPKES IMBISS,
Schönhauser Allee 44A1, T 44 27 765.
Ouv. tlj de 5 h 30 à 20 h. Environ 1,50 €.
Ici, le chancelier Schröder a déjà mangé une saucisse sur le pouce. C'est un kiosque tout simple, posé sous un pont ferroviaire bruyant et laid, qui, déjà à l'époque de la RDA, était entré dans la légende. Après la chute du Mur, peu de choses ont changé pour le vendeur des saucisse grillées au curry qui passent pour être les meilleures de la ville, sinon que les *Wessies* font aussi la queue devant son stand. La saucisse grillée au curry est l'une des spécialités berlinoises ; il existe même un guide qui lui est consacré.

OFFENBACH-STUBEN,
Stubbenkammerstr. 8, T 44 58 502. Ouv. tlj à partir de 18 h. De 11 à 16 € le plat.
L'établissement est un hommage au célèbre compositeur franco-allemand Jacques Offenbach, ce qui explique que beaucoup de plats portent le nom de ses opérettes. L'aménagement a été réalisé à partir des décors de deux théâtres berlinois, le Metropol et l'Opéra comique. À l'époque de la RDA, c'était un des rares restaurants privés. Sur le livre d'or, le nom de François Mitterrand côtoie celui de Leonard Bernstein.

OSTWIND,
Husemannstr. 13, T 44 15 951.
Ouv. tlj à partir de 18 h, dim. à partir de 10 h. De 6 à 15 € le plat.
Plutôt qu'une cuisine aigre-douce, on y sert des plats savamment épicés. La maison renonce à l'habituel kitsch chinois et accueille la clientèle dans des salles sobres et claires. Nous conseillons vivement le brunch du dimanche, un voyage culinaire subtilement assaisonné.

TREVISO,
Schönhauser Allee 12, T 44 01 73 33.
Ouv. du lun. au ven. à partir de midi, sam. et dim. à partir de 10 h.
De 7 à 16 € le plat principal.
À Berlin, les bons restaurants italiens sont plus nombreux que les français. Le Treviso, installé dans une magnifique villa wilhelminienne, est l'une des meilleures adresses, avec des spécialités du sud du Tyrol et du Trentin.

VOLAND,
Wicherstr. 63, T 44 40 422.
Ouv. tlj à partir de 18 h.
De 6 à 12 € le plat principal.
En Russie, on mange beaucoup et on boit de grandes rasades. Un préjugé ? Chez Voland, c'est une réalité. On y choisit entre huit sortes de vodka, en plus des vins et des mousseux de Crimée et brandys de Géorgie. Seules les deux dernières pages de la carte sont réservées aux repas, des spécialités russes plutôt campagnardes. En fin de semaine, chants, ballades russes et ukrainiennes dans une ambiance de fête. C'est une de nos adresses préférées.

WOHNZIMMER,
Lettestr. 6, T 44 55 458.
Ouv. tlj à partir de 10 h.
Pâtisseries et en-cas à partir de 2 €.
Ici, c'est vraiment *gemütlich*, un adjectif qui définit à la fois le confort et la chaleur des intérieurs allemands. On reste enfoui pendant des heures dans les profonds fauteuils et sofas, en discutant interminablement avec ses amis ou ses voisins de table. Rien d'étonnant à la vue des petits prix et de l'ambiance *trendy*. Les petits déjeuners, copieux, tiennent compte de la clientèle végétarienne.

Sortir

CLUB EXISTENTIALISTE,
Club Voltaire, Danziger Str. 101,
T 42 80 17 00. Jours et horaires
d'ouverture selon la programmation.
Un coin de Saint-Germain-des-Prés dans les locaux du Club Voltaire qui, depuis le milieu des années 1990, ouvre ses portes aux petits groupes de bardes et aux comiques. Fidèle aux existentialistes, le public porte cols roulés noirs et fume comme une cheminée, en se délectant des chansons ou satires politiquement incorrectes.

Dormir

Prenzlauer Berg

JURINE,
Schwedter Str. 15, T 44 32 990,
fax 44 32 99 99. À partir de 100 € la ch.
Le repos, bien mérité après une longue nuit passée dans les bars et *Kneipen* de ce quartier de la branchitude berlinoise, se trouve dans cet hôtel moderne tenu par un Français. La petite cour est un régal pour se refaire des idées claires.

MYER'S,
Metzerstr. 26, T 44 01 40.
À partir de 80 € la ch.
C'est un emplacement idéal, à quelques minutes de la Kollwitzplatz, et d'un calme étonnant au milieu de l'agitation qui règne autour de la place. Les 41 petites chambres confortables sont une aubaine dans cet arrondissement où les nuits ne sont pas faites pour dormir.

GREIFSWALD,
Greifswalder Str. 211, T 44 27 888,
fax 44 27 898. 64 € la ch.
Il dispose de 25 chambres situées dans une arrière-cour, l'ambiance est familiale.

LETTE'M SLEEP 7,
Lettestr. 7, T 44 73 36 23. Ouv. 24 h/24.
Voilà une très bonne adresse pour les petits budgets : une chambre à partager à deux (25 €) ou jusqu'à 6 colocataires (15 €). On fournit les draps pour 2 €. L'établissement est résolument moderne et étonnamment propre.

BED & BREAKFAST,
Ahlbecker Str. T 44 05 05 82,
fax 44 05 05 83.
Appeler après 15 h et demander le patron, Bernd Rother, qui réserve à ses bons clients ses meilleures adresses à Berlin et dans les proches environs.

Spandau, Reinickendorf, Tegel, Wedding

Reinickendorf faisait partie du secteur français ; les résidences et les immeubles de l'armée française furent très prisés après la chute du Mur. C'est là aussi que se trouve l'aéroport de Tegel. Son territoire, particulièrement vert, ne présente pas de curiosité touristique ; il attire cependant de plus en plus de Berlinois, qui viennent vivre dans la partie boisée, au nord. L'arrondissement voisin, Wedding, présente un tout autre visage, avec le taux le plus élevé de chômeurs de la capitale. C'est un des lieux de Berlin à avoir le moins profité de la réunification. Même les cafés et les bars ne font pas parler d'eux ! Cependant, de nombreuses légendes sont tissées autour du Wedding rouge (*das Rote Wedding*). Spandau, à l'extrême ouest de la ville, a eu du mal à se faire à son rattachement à Berlin en 1920. L'histoire de cet arrondissement autonome remonte au VIIIe siècle – il fut donc habité avant Berlin. Des quartiers campagnards et industriels alternent dans ce traditionnel lieu de garnison.

Découvrir

Reinickendorf

LA RÉSIDENCE HUMBOLDT,
Humboldtschlösschen, Schlosspark Tegel.
Le célèbre Karl Schinkel construisit ce ravissant pavillon de campagne néo-Renaissance pour la non moins renommée famille Humboldt. Au bout d'une splendide et longue allée se découpant dans le vaste parc forestier se trouve le caveau de famille. C'est ici que reposent, entre autres, le ministre d'État prussien Wilhelm von Humboldt, responsable des affaires culturelles et créateur de l'université berlinoise qui porte son nom. Son frère, Alexander, s'est fait une réputation en tant que naturaliste et géographe. Le petit château doit héberger sous peu un musée. C'est un cadre enchanteur par tous les temps.

Wedding

BUNKER AM GESUNDBRUNNEN,
angle des rues Bad et Hoch,
en face du n° 8 de la Behmstraße,
T 392 47 44, fax 753 98 17,
www.berliner-unterwelten.de.
Visite guidée du bunker :
de juin à septembre, sam. à 14 h et 16 h ;
en hiver, seulement le 1er sam. du mois.
Entrée : 9 €.
Personne ne se doute qu'entre les stands de *döner* on peut descendre à 8 m sous terre. On franchit une lourde porte en fonte, un labyrinthe, puis c'est le silence de mort de salles vides, qui

Le musée du Sucre

pouvaient recevoir 5 000 personnes pendant quarante-huit heures. Construit en 1941 à partir des couloirs du métro, le bunker fut remis en service par la RDA en 1981. Il est aujourd'hui le seul intact et le seul à ne pas avoir succombé à des tentations commerçantes. Une petite association d'une centaine de personnes (Berliner Unterwelten) y veille sérieusement. Elle loue cet abri de guerre à la société du métro berlinois, qui en est propriétaire.

VERSÖHNUNGS-PRIVATSTRAßE

À quelques enjambées de la rue du Mur (Bernauer Straße), côté ouest, se cache une perle architecturale datée de 1902. Les façades des immeubles agencés autour de trois cours pavées qui communiquent entre elles sont époustouflantes de beauté et de variété. En briques rouges et blanches, en bois foncé, en crépi rose et jaune, elles ressemblent tour à tour à une église, une maison de maître, un hôtel de montagne à colombages, avec des balcons et des balustrades joliment décorés.

BADSTRAßE

Cette large rue très commerçante est habitée par des familles turques, où même les curieux ne s'aventurent pas. Cependant, elle recèle quelques adresses qui méritent une flânerie.

Aux n°s 38 et 40, deux maisons cossues du début du siècle arborent des briques flamboyant au soleil, des frises ornementales autour des fenêtres et des bow-windows. Sur le toit à pignon, une inscription – « *In fonte salus* » – rappelle l'ancienne source qui alimenta le quartier jusqu'en 1882.

À l'angle de la Badstraße et de la Travemünder Straße se trouve une ancienne piscine datant de 1888, récemment réhabilitée en bibliothèque municipale. Des salles en sous-sol ouvertes sur la nature environnante offrent des espaces de lumière et de lecture à l'atmosphère feutrée. De nombreux journaux sont à disposition. (Ouv. en semaine de 10 h à 20 h, mer. et sam. jusqu'à 14 h.)

Au n° 50 se trouve l'église Saint-Paul.

Un peu en retrait de la rue, l'ouvrage de Schinkel se fait discret. C'est l'une des quatre églises du nord de Berlin commandées par le roi de Prusse en 1835. Les piliers corinthiens de la façade ont été reconstruits après les bombardements.

AMTSGERICHT WEDDING,
Brunnenplatz.

Ce tribunal massif est l'un des plus imposants de la capitale. Il y a cent ans, on s'inspirait des bâtiments religieux et des châteaux pour conférer aux maisons de la justice un aspect solennel symbolisant l'autorité. Sa magnificence sert parfois de décor naturel à des séries télévisées.

LE MUSÉE DU SUCRE,
Zucker-Museum, Amrumer Str. 32,
T 31 42 75 74.
Ouv. du lun. au jeu. de 9 h à 16 h 30,
dim. de 11 h à 18 h.

Un parcours ludique pour comprendre comment le sucre arriva jusqu'à notre tasse de café. Il commence en 1798, quand un Brandebourgeois découvrit le sucre dans la betterave, puis passe par Napoléon, dont le blocus continental de 1806 favorisa la production de ce tubercule en Allemagne.

Notre esprit cocardier peut se réjouir, car un coq gaulois dressé sur le toit de l'Institut du Sucre rend hommage à la

France. On y découvre aussi une belle collection de boîtes à sucre anciennes.

Tegel

« DICKE MARIE »,
Großen Malche, Tegeler See.
Le plus vieil habitant de Reinickendorf est la « grosse Marie ». C'est un chêne qui, selon des documents l'attestant, aurait été planté en 1192. En voisin, les frères Humboldt le baptisèrent sans vergogne du nom de leur cuisinière, Marie. Même si celle-ci abusait des sucreries, son épais tour de taille n'a pourtant jamais atteint les 5 m de diamètre de l'arbre !

LE CIMETIÈRE RUSSE ORTHODOXE,
Russisch-orthodoxe Friedhofskirche, Wittestr. 37.
Ouv. tlj de 8 h au coucher du soleil.
Avec de la terre apportée de leur pays, les Russes de Berlin aménagèrent à la fin du XIXe siècle la dernière demeure de leurs morts. Il furent soutenus par le tsar Alexandre III lui-même. Une pierre évoque le souvenir du compositeur Mikhaïl Glinka, décédé à Berlin, puis enterré à Saint-Pétersbourg. Au milieu des tombes s'élève la plus vieille des trois églises russes orthodoxes et la seule en Allemagne qui soit située dans un cimetière. Une allée de tilleuls conduit au bâtiment religieux en briques rouges rehaussé de cinq dômes chatoyant dans le feuillage. Ici, la nature veille sur la mémoire.

Lübars

UN VILLAGE PLEIN DE CHARME
Pendant la période du Mur, Lübars fut le seul village de la marche de Brandebourg accessible aux Berlinois de l'Ouest sans passage de frontière. Le week-end, c'était une destination prisée par les familles, avec ses fermes à un étage et toit de chaume, sa petite église baroque (1793), ses jardins de curé et ses arbres séculaires. Depuis la disparition du Mur, cette proprette bourgade campagnarde aux rues pavées n'a rien perdu de son charme.

Spandau

L'ÉGLISE SAINT-NICOLAS,
St. Nikolai-Kirche, Reformationsplatz.
C'est l'une des plus anciennes églises gothiques d'Allemagne. Construite en briques rouges au XVe siècle, elle renferme un autel Renaissance remarquable, ainsi que des fonts baptismaux du XIVe. Elle fit très tôt autorité comme église réformée du Berlin brandebougeois, le prince électeur Joachim s'y étant fait donner la communion dès 1539, selon l'enseignement luthérien.

KOLK, UN QUARTIER DE LA VIEILLE VILLE,
Altstadt Spandau.
Les basses fermes à colombages du début du XVe siècle ont préservé le caractère médiéval du centre de la petite ville. On y retrouve un peu l'atmosphère d'autrefois. D'ici, on rejoint rapidement la citadelle et la tour de Julius.

Gatow

LE MUSÉE DE LA LUFTWAFFE,
Luftwaffen-Museum der Bundeswehr, Kladower Damm 182-188. Ouv. du mar. au dim. de 9 h à 17 h. Entrée libre.
Sur l'ancien terrain de la Royal Air Force, des douzaines d'avions témoignent de l'histoire de l'aéronautique militaire allemande.

VILLA LEHM,
Flottenstr. 14-20.
L'histoire riche en péripéties de cette noble gentilhommière de l'époque impériale est caractéristique des beaux domaines situés en bordure de Berlin. L'entrepreneur Otto Lehm se fit construire une demeure néo-Renaissance avec roseraies. Elle fut reprise par le chercheur Janos Plesch, qui y recevait en collègue et ami Albert Einstein, ainsi que d'autres personnalités du monde des sciences. Après la guerre, elle devint le siège de l'état-major britannique, qui hébergeait la famille royale quand elle séjournait à Berlin. Récemment, elle a été rachetée par un riche

industriel et mécène qui voudrait la transformer en centre de rencontres culturelles.

Les loisirs

Reinickendorf

MÉDITATION À LA MAISON DU BOUDDHISME
Buddhistisches Haus, Edelhofdamm 54,
T 40 15 580, fax 40 10 32 27,
www.buddhistisches-haus.de.
Temple ouv. tlj de 8 h à 20 h ;
en hiver, de 9 h à 18 h.
Le plus ancien site bouddhique d'Europe fut construit en 1924 sur une colline isolée, à une quinzaine de minutes de la gare. On le doit au médecin, homéopathe et écrivain Paul Dahlke, qui, à la suite de nombreux voyages en Asie, se convertit au bouddhisme. Mise à l'index et vidée de son contenu sous le national-socialisme, la maison, avec ses toits en pagode, fut rachetée aux héritiers dans les années 1950 par des moines srilankais (Dharmaduta Society), qui en ont fait un lieu de spiritualité. Méditation, contemplation et études du bouddhisme theravada dans le temple, la bibliothèque et le magnifique jardin arboré qui domine la campagne. Ce lieu est accessible à tous, par un long escalier abrupt de 73 marches qui symbolisent les stations de l'apprentissage pour un bouddha.

Alt-Lübars

ÉQUITATION,
Reithof Alt-Lübars, Dorfstr. 5,
T 40 27 850, www.qualitzhof.de.
11 € l'heure.
Possibilité de monter à cheval dans cette ferme-pension de la famille Qualitz, qui dispose aussi d'un manège. S'annoncer quelques jours avant.

Wedding

ESCALADE DU BUNKER,
Volkspark Humboldthain. Accès libre.
Depuis la gare Gesundbrunnen, on

La Maison du Bouddhisme

aperçoit le mont appelé « Bunkerberg ». C'est en fait un des ces bunkers que l'on n'a pu dynamiter totalement, et dont les parties extérieures en béton invincible servent aujourd'hui de lieu d'escalade. La section berlinoise du Club alpin d'escalade entretient la paroi.

PIQUE-NIQUE,
au sommet du Bunker.
Des escaliers raides conduisent les plus pressés au sommet en terrasses du Bunkerberg ; ceux qui préfèrent suivent les sentiers romantiques. Une vue époustouflante s'offre sur toute la ville, avec panneaux explicatifs à l'appui. Les tables et les bancs en fer forgé joliment installés, les recoins ombragés sont autant d'invitations au pique-nique ou à la pause. C'est un endroit encore secret pour beaucoup de Berlinois. En redescendant, suivre la flèche « Rosengarten » : au bout du chemin se trouve une belle roseraie aménagée en 1964, avec pavillons, angelots et charmants coins repos.

Tegel

ÉQUITATION,
Reitschule Tegel im RVB,
Adelheidalle 19-21, T 43 38 532.
Une école d'équitation jouxte le splendide parc du château de la famille Humboldt. Elle propose aux visiteurs d'admirables chevauchées sur des allées cavalières autrefois empruntées par les empereurs. Sorties de 2 h, en groupe ou solo (20 €).

Services

PHARMACIE,
Wedding, n° 68.
Cette pharmacie de 1965 attire le regard, avec ses grosses lettres dorées et sa céramique à fleurs multicolores. Le plafond et les murs des deux grandes salles sont une encyclopédie peinte à la main, qui détaille les plantes utilisées en phytothérapie. Le personnel est charmant et se réjouit si un étranger admiratif se présente, les autochtones n'y faisant plus attention.

Manger

Spandau

KOLK,
Hoher Steinweg 7, T 33 38 879.
Ouv. tlj sauf lun. à partir de midi.
De 10 à 42 € le menu, de 10 à 19 € le plat.
Ce restaurant de famille installé dans une maison à colombages concocte d'excellentes spécialités des régions allemandes, surtout d'anciennes recettes de l'Est. Par exemple, le canard de Silésie, servi avec une onctueuse sauce aux pruneaux, le chou rouge à la cannelle (un régal !) et les *Klößen*, boulettes de pomme de terre cuites à l'eau. Les végétariens ne sont pas oubliés pour autant ; une grande variété de plats à base de légumes frais leur sont proposés. En été, la belle terrasse nichée dans un écrin de verdure attire les citadins.

Reinickendorf

VOGELWEIDE,
Schulstr. 2, T 43 39 602.
Ouv. du mar. au sam. à partir de 19 h.
De 10 à 18 F le plat du jour.
Installé dans l'ancienne zone française de Berlin, ce restaurant existe depuis vingt ans. Il est réputé pour ses sauces et ses marcs. Une fois par mois, une région de l'Hexagone est prise comme thème culinaire.

SCHOLLENKRUG,
Waidmannsluster Damm 77,
T 43 39 078. Ouv. tlj à partir de 10 h.
De 7 à 14 € le plat principal, 7 € le menu.
Ici, il vaut mieux venir avec un appétit d'ogre. La spécialité de la maison, la poêlée du chef (*die Pfanne des Chefs*), est gargantuesque : steaks, filets de dinde, pommes de terre, champignons, le tout chapeauté d'un œuf au plat. Les menus sont établis selon les saisons, avec asperges, gibier, etc. Chaque jeudi, un magicien amuse la galerie ; en

hiver, la grande cheminée réchauffe la salle ; en été, on se régale à l'ombre des tilleuls.

Dormir

Reinickendorf

AM BORSIGTURM,
Borsigturm 1, T 43 03 60 00,
fax 43 03 60 01. À partir de 125 €.
Il dispose de 123 chambres modernes dans un bâtiment rond à l'architecture intéressante, un tantinet ascétique.

Tegel

IGEL,
Friderickestr. 33, T 43 60 010,
fax 43 62 470. À partir de 80 € la ch.
Les 100 chambres sont magnifiquement situées dans un écrin de verdure, juste au bord du lac de Tegel. Sur la grande terrasse au bord de l'eau, il fait bon goûter la fraîcheur du soir.

Köpenick, Treptow, Neukölln

Berlin

Des forêts et des parcs, des lacs et des rivières caractérisent Köpenick, le plus grand arrondissement de la capitale, situé dans à l'extrémité sud-est ; c'est aussi le moins peuplé. Il y a peu de curiosités touristiques, mais en revanche une scène culturelle vivante et innovatrice. Encore plus vert et plus campagnard, c'est l'impression que laisse l'arrondissement voisin, Treptow. Quant à Neukölln, à quelques rues au sud du centre de la capitale, il présente un autre aspect : une ancienne citadelle de la gauche, avec un pourcentage élevé d'étrangers et de nombreux étals turcs, sur lesquels on s'approvisionne à bon marché.

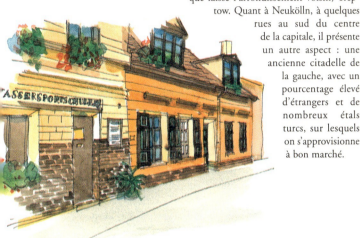

Découvrir

Köpenick

ESTALGIE
Se rendre en tram à Köpenick constitue un voyage dans l'ancien Berlin-Est profond, où peu de choses ont changé : monotone paysage urbain des années 1960 et 1970, paysages sévères, mais aussi quelques endroits idylliques avec des zoos et des piscines. La ligne de tram 21 qui part de la Frankfurter Tor traverse Friedrichshain, puis longe la Spree pour arriver à Köpenick. Le retour peut s'effectuer par le tram 27.

LA MAIRIE,
Alt-Köpenick 21.
Ouv. du lun. au sam. de 10 h à 18 h.
Le dramaturge Carl Zuckmayer a immortalisé la mairie de Köpenick dans une pièce de théâtre. C'est un imposant et magnifique bâtiment en briques rouges du début du XXe siècle, avec une tour élancée de 54 m. L'histoire du capitaine von Köpenick n'est pas une invention de l'auteur. En 1906, le cordonnier Wilhelm Voigt, déguisé en capitaine, se rendit à la mairie et se fit remettre la caisse de la ville, puis disparut. L'administration prussienne, totalement dépourvue d'humour, mais réputée pour sa rigueur, fut ridiculisée par ce subterfuge. Cette pièce figure toujours au programme de nombreux théâtres et inspira les cinéastes. Depuis 1996, en bas de l'escalier de la mairie, la statue en bronze du prétendu capitaine est l'édifice le plus photographié de la ville. Une visite du superbe hall néogothique s'impose.

FISCHERKIETZ
Cette ancienne colonie slave de pêcheurs, avec ses maisons à un étage, se situe entre le château et la Spree. On se croirait dans l'ancien Köpenick.

Treptow

LE CREMATORIUM BAUMSCHULENWEG,
Kiefholzstr. 221.
De hautes colonnes élancées dominent ce spectaculaire crématorium, ouvrage des célèbres architectes Axel Schultes et Charlotte Frank, qui ont aussi conçu la nouvelle résidence du chancelier, au bord de la Spree. Au bout d'une longue allée, un bâtiment rectangulaire en béton, métal et verre s'articule autour d'une grande salle de déambulation.

SPÄTHSCHES ARBORETUM,
Späthstr. 80, T 63 66 941.
Ouv. d'avril à octobre, du mer. au dim. et jours fériés de 10 h à 18 h.
Cet arboretum a l'apparence d'un jardin anglais. Il est riche de plus de 5 000 essences plantées sur 5 ha. Il est l'œuvre d'une dynastie de jardiniers remontant au début du XVIIIe siècle. Son charme réside dans ses plans d'eau et ses sentiers étroits qui permettent au visiteur de trouver des espaces tranquilles. C'est un lieu idéal pour se ressourcer ou étudier l'architecture du jardin. En été, le dimanche, il sert de cadre à des concerts de musique classique exceptionnels.

Neukölln

RICHARDPLATZ
Au milieu du XVIIIe siècle, de nombreux protestants fuyant la Bohême créèrent une petite communauté dans le quartier de Rixdorf. Même si les anciennes maisons à colombages et toit de chaume ont succombé aux incendies, la petite place a conservé son attachant caractère villageois. Au cimetière, l'emplacement où les premiers immigrants furent enterrés sous de simples pierres tombales est toujours appelé « Böhmischer Gottesacker », « le cimetière bohémien ».

Les loisirs

Köpenick

CROISIÈRE SUR LE MÜGGELSEE,
tlj de mi-avril à fin octobre, départs toutes les 2 h de 9 h à 17 h. 8 € les 2 h.
C'est le plus grand lac de Berlin, avec 4 km de long et 2,5 km de large. Dix ans de réunification n'ont pas suffi à attirer les habitants de l'Ouest ici, et le lieu a conservé son charme tranquille. Les bateaux Stern-und-Kreisschiffahrt partent de Friedrichshagen.

La mairie de Köpenick

LOCATION DE BATEAUX, KAYAKS ET AVIRONS,
Gosener Kanal, Triglawstr. 58,
T 64 89 071. De mi-avril à mi-octobre,
ouv. de 9 h à 18 h. De 63 à 80 €
la location à la journée.
Petits prix quand on loue à la journée un bateau à moteur.

FOOTBALL, 1FC UNION BERLIN,
alte Försterei, Hämmerlingstr. 80,
T 65 66 880. Entrée : de 5 à 15 €.
Quand, en été 2000, l'ancien club amateur 1FC Union Berlin joua en finale de la coupe d'Allemagne contre l'équipe connue et reconnue Schalke 04, le public scanda à toute gorge « *Eisern Union* » (« Union de fer »). Le slogan se transforma aussitôt en surnom pour cette équipe à laquelle les Berlinois vouent un vrai culte. Sous le régime de la RDA, ce club prolétaire du sud-est de Berlin était la coqueluche des gens de l'Est, bien que le gouvernement et tous ses fonctionnaires aient soutenu ostensiblement Dynamo, le club créé par la Stasi. Depuis peu, l'Union Berlin est montée en 2e division et, tous les quinze jours, une ambiance de délire règne dans le stade Alte Försterei.
Il faut absolument réserver ses places.

Treptow

L'ÎLE DE L'AMOUR, RÉSERVÉE AUX RAMEURS ÉPRIS,
Insel der Liebe.
Entre Alt-Trepow et la presqu'île Alt-Stralau, le fleuve Spree s'élargit pour former un lac (Rummelsburger See). À son sud-est émerge une petite île au nom enchanteur : l'île de l'Amour. Elle se mérite, car elle n'est accessible qu'à la rame. Inutile de dire que les amoureux s'y pressent dès la belle saison, de mai à mi-octobre. La location d'aviron (de 11 h à 18 h, 6 €) se fait sur les berges de l'île de la Jeunesse (Insel der Jugend), tout près du croisement Puschkin Allee et Neue Krug Allee. Pour y accéder, emprunter le long pont en béton et acier, qui fut construit en 1916 par des prisonniers de guerre français. L'île de la Jeunesse porte aussi bien son nom : elle héberge une boîte de nuit (ouv. du jeu. au dim.), où se produisent des groupe et, en été, une brasserie en plein air qui attire les jeunes de l'ex-RDA.

GOLF,
Rudower Chaussee 4, T 67 01 24 21.
Ouv. tlj de 8 h à 17 h, jusqu'à 20 h en été. 10 € l'heure.
Dans le quartier Adlershof de Treptow, les néophytes peuvent s'initier aux plaisirs du golf sans tralala sur un practice. Clubs et balles sont compris dans le prix. Accueil chaleureux.

CLUB DES VISIONNAIRES,
Club der Visionäre, am Flutgraben 2. Ouv. du lun. au ven. à partir de 16 h, sam. et dim. à partir de midi.
Là où les deux arrondissements Kreuzberg et Treptow sont séparés par un affluent du Landwerhkanal (Flutgraben) se trouve un des bars les plus exotiques de Berlin, qui vient d'ouvrir sur la berge, côté est, en ancienne RDA, dans un coin oublié à l'ombre du Mur. Sous un toit improvisé, des chaises longues, des bancs et des fauteuils multicolores invitent au farniente ; au bord de l'eau se trouvent d'anciens bassins à poissons fleuris et des maisons en bois vieillottes. Cela suffit pour donner l'impression d'être bien loin d'ici. Dépaysement garanti !

Neukölln

PISCINE,
Stadtbad Neukölln, Ganghoferstr. 5,
T 68 24 98 12. Ouv. tlj de midi à 21 h 30.
Entrée : 3,50 €, 13 € le sauna.
Mieux vaut se renseigner sur les heures d'ouverture, certaines heures en soi-

rée étant réservées aux nudistes. On nage ici dans le cadre exceptionnel de magnifiques mosaïques et de colonnes de marbre – Jugendstil et néoclassique purs.

Les bonnes adresses

Köpenick

ANTIQUARIAT-GALERIE BRANDEL,
Scharnweberstr. 59 à Friedrichshagen.
Ouv. du mer. au ven. de 12 h à 18 h 30, sam. de 9 h à 12 h.
C'est chez Frau Brandel que se rendent ceux qui veulent humer quelques airs libertaires. À la fin du XIXe siècle, dans le quartier de Friedrichshagen, une douzaine de poètes naturalistes libertaires propagèrent des idées et des formes de vie antibourgeoises, qui retinrent l'attention et la curiosité du monde littéraire. Le nom le plus connu aujourd'hui est celui de Gerhart Hauptmann. La propriétaire des lieux cultive avec dévotion l'esprit de la communauté littéraire d'antan dans sa librairie et sa galerie installée dans une remise.

Neukölln

BÄRLIN POKALE,
Hofbrechtstr. 59.
Ouv. du lun. au ven.
de 11 h à 19 h, sam. de 10 h à 14 h.
Cette boutique propose des trophées (*Pokale*) de toutes dimensions, de toutes couleurs et pour toutes les occasions.

Manger

Köpenick

RATSKELLER KÖPENICK,
Alt-Köpenick 21, T 65 55 178.
Ouv. tlj de 11 h à 23 h.
De 7 à 16 € le plat principal.
Ce restaurant installé dans les caves voûtées de la magnifique mairie propose dans un cadre romantique une cuisine typiquement berlinoise et brandebourgeoise, préparée avec les bons produits de la région. La fumante soupe aux pommes de terre ou le potage à la citrouille et au pavot (3 €) sont recommandés, tout comme le pied de cochon arrosé de bière noire pendant la cuisson (10 €), les *Königsberger Klopse* (des boulettes aux câpres servies avec une sauce blanche, typiques de l'Est), le fromage blanc aux herbes et à l'huile de lin, autant de recettes oubliées. En dessert, la *Rote Beeren Grütze*, à base de fruits rouges, est un délice. En été, des concerts de jazz et de folk animent la belle cour intérieure.

Dormir

Köpenick

PENSION PANTEN,
Müggeldamm 124, 12 587 (Berlin-Friedrichshagen), T 64 51 644.
40 € la ch.
C'est un coin idéal au bord du Müggelsee, le plus grand lac berlinois, pour déconnecter dans une ambiance allemande authentique sans se ruiner. Sympathique brasserie en plein air, petit café, accès au lac avec plage pour la baignade et aires de jeux attendent le visiteur.

GRÜNAU HOTEL,
Kablower Weg 87, T 67 50 60,
fax 67 50 64 44. 90 € la ch.
Voilà une adresse pour ceux qui détestent la ville, mais ne veulent pas renoncer au confort. Ce nouvel hôtel dispose de 72 chambres très colorées.

AM DÄMERITZSEE,
Ahornstr. 8, T 64 84 040, fax 64 84 04 26.
De 40 à 60 € la nuit.
L'établissement propose 3 appartements sympathiques avec cuisine, au bord du lac Dämeritz. Location de bateau possible.

HÉBERGEMENT CHEZ L'HABITANT,
Kietzstr. 12, T 65 88 05 37,
fax 65 88 05 38. 18 € la ch.

En plein milieu d'un ancien village de pêcheurs (Köpenick est traversé par la Spree et de nombreux canaux), 6 maisons d'un étage avec leurs dépendances formant des cours et des jardins viennent d'être coquettement restaurées. On peut s'y rendre en bus (167) ou en tram (62). Frau Boerger, professeur d'anglais et guide, loue deux chambres mansardées dans sa jolie maisonnette que jouxte un jardin à l'abri des regards. Elle prodigue volontiers ses conseils aux rares étrangers.
Kietzstr. 21, juste en face du 12.
20 € par personne et par nuit.
Dans l'ancienne orangerie d'une autre demeure historique décorée avec soin, Frau Wachsmuth a aménagé un plaisant appartement. Une terrasse ouvre sur un jardin, qui descend jusqu'aux berges du Frauentog (un affluent) – avec ancrage pour les bateaux –, d'où l'on jouit d'une vue splendide sur le château de Köpenick. Un lieu merveilleux, une adresse que l'on aimerait garder secrète.

AM FLUßBAD,
Gartenstr. 50, T 65 88 00 94,
fax 65 88 00 93. 30 € la ch. double,
15 € le lit en ch. commune.

Un nouvel hôtel a ouvert sur les berges de la Dahme, après un énorme travail de nettoyage du lit de la rivière et la restauration de l'ancien chantier naval durant les années 1990. Un large escalier en bois conduit de la belle terrasse à la charmante plage aménagée sur la berge. Café et restaurant attenants.

Sur le tracé du Mur

Une balade sur la route du Mur, où le quotidien berlinois a repris ses droits, est un voyage dans l'histoire de la capitale, qui s'efforce de panser rapidement ses dernières plaies. Dans l'ivresse des retrouvailles, l'unanimité se fit autour de la destruction totale de ce « mur de la honte » ou « rempart antifasciste », comme on l'appelait de part et d'autre, d'où ses rares vestiges. Ce parcours peut se faire aisément à pied ou à vélo. Un marquage au sol « Berliner Mauer 1961-1989 » en rappelle en gros le tracé.

UN EXCELLENT GUIDE POUR UNE VISITE À VÉLO,
Berliner Mauer-Radweg, édité chez Esterbauer (9,80 €).
Écrit par un politique vert, ce guide fournit de bonnes indications sur les 160 km de l'ancienne frontière dans et autour de Berlin. Il peut aussi être très utile aux marcheurs. Sinon, se procurer la carte du Mur (*Die Mauer, ehemaliger Mauerverlauf in ganz Berlin*), dans les offices de tourisme, pour 2 €.

LE PARLEMENT DES ARBRES,
Parlament der Bäume,
Schiff-Bauer-Damm.
Le long d'un méandre de la Spree, sur l'ancien couloir de la mort, à l'ombre des impressionnants bâtiments restaurés ou construits pour les parlementaires – on a même déplacé légèrement le lit du fleuve – pousse un jardin romantique dans la discrétion la plus totale : le Parlement des arbres. Ses fleurs et ses arbres fruitiers qui sentent bon la campagne d'autrefois servent d'écrin à un mur blanc recouvert de graffitis. Il s'agit pour la plupart de messages écrits par des artistes connus, qui s'adressent aux parlementaires, afin de leur rappeler qu'avec la politique, on ne fait pas nécessairement de la culture.

LE REICHSTAG, SUR LE TRAJET DU MUR,
Platz der Republik 1.
Ouv. tlj, visite du dôme de 8 h à 22 h.
Gratuit. Entrée ouest pour les visiteurs individuels.
L'entrée ouest est réservée aux individuels, elle permet un accès rapide au dôme en se présentant le matin, dès l'ouverture, et le soir à partir de 21 h. En semaine il n'y a pas horde de visiteurs. Alors, la jouissance de la perspective sur la ville entière depuis le nouveau dôme de Norman Foster, tout en transparence, est au summum. La vue intérieure donne sur la chambre des députés, avec ses sièges bleus –

couleur réclamée par les télévisions – et la chaise du chancelier qui, en Allemagne, reste député. Quand il y a session parlementaire, un plafond en tissu beige se déroule discrètement à la façon d'un store.

En redescendant du dôme, se diriger vers la terrasse et se pencher pour apercevoir en bas la courette intérieure,

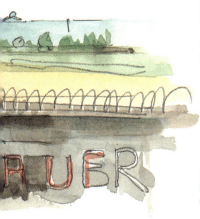

certainement la plus calme de Berlin. Elle recèle un message politique – un seul mot sculpté dans le buis : « *der Bevölkerung* », « À la population ». C'est une réplique à la pathétique inscription « *dem deutschen Volk* », « Au peuple allemand », que l'on peut lire au-dessus de l'entrée principale du bâtiment (entrée nord). Un nouvel hommage rendu à tous les habitants de l'Allemagne du début du XXIe siècle. Le jardinet porte la signature des 669 députés, qui furent priés d'apporter 50 kg de terre de leur circonscription et une semence. La graine de haschich – qui se révéla transgénique – apportée par une député écologiste souleva un tollé parmi l'opposition.

L'entrée nord est fermée au public, mais elle mérite un coup d'œil. Ce n'est pas parce qu'il n'y a pas de touristes qu'il n'y a rien à voir ! Derrière l'immense baie vitrée, on peut admirer ou s'étonner de l'œuvre d'art créée pour ce lieu. L'Américaine Jenny Holzer, figure importante de la sculpture contemporaine, connue pour ses chorégraphies d'alphabet fluorescentes, utilise ici les protocoles des députés allemands depuis 1949. Les mots défilent de haut en bas à l'intérieur d'un tuyau transparent. Ils sont inscrits sur un support orange fluorescent. Lecture infinie.

En face, de l'autre côté de la Spree, se trouvent les coquets et spacieux bureaux des députés, qui apprécient leurs nouvelles aises.

LE MUSÉE DU SILENCE,
Raum der Stille, Brandenburger Tor.
Ouv. tlj de 11 h à 18 h, 16 h en hiver.

Le portail nord de la porte de Brandebourg conduit au musée du Silence. Ouvert en 1994 à l'initiative des mouvements pacifistes, ce lieu de recueillement est émouvant. Chacun y voit une signification qui lui est propre. Toutefois, un accord tacite semble planer sur les lieux : le silence est une condition nécessaire à la paix.

DEUX SINISTRES BUNKERS
Sous ce qui est encore un terrain vague entre l'Ebertstraße et la Niederkirchnerstraße, des rues murées pendant presque trente ans, se trouvaient deux bunkers : celui du Führer (au niveau de la Vossstraße) et celui de son chauffeur. Les bulldozers se sont chargés récemment d'éliminer toute trace afin de faire taire le passé. Bâtiments ministériels et administratifs poussent dans ce qui fut traditionnellement le quartier des représentations du gouvernement.

LE MINISTÈRE DES FINANCES,
Finanzministerium, angle Leipzigerstr. et Wilhelmstr.

Une des rares fresques en porcelaine typiques de l'époque de la RDA parcourt la façade de ce bâtiment à l'architecture monumentale du troisième Reich. Voué aux ministères de tout temps, s'adaptant facilement à tous les régimes, cet imposant ouvrage héberge aujourd'hui les Finances de l'Allemagne réunifiée.

LE MUSÉE DE LA COMMUNICATION,

Museum für Kommunikation,
Leipzigerstr. 16. Ouv. du mar. au ven. de 9 h à 17 h, sam. et dim. de 11 h 19 h. Entrée libre.

La restauration de cet ancien musée de la Poste impériale (1898) détruit par les bombes fut menée avec prudence par la RDA. La splendide cour intérieure vitrée est bordée de galeries inondées de lumière. La nuit, le musée est illuminé de l'intérieur et ressemble à un cristal bleu. Robots pour les petits, stations interactives pour les grands, salles d'ordinateurs pour tous, le musée présente aussi des collections et des expositions sur le vaste thème de la communication et de la poste. Un café et un restaurant avec terrasse intérieure retiennent plus les visiteurs pour leur quiétude et leurs prix modérés que pour leur cuisine.

MAUERSTRAßE

Cette rue en diagonale, au Checkpoint Charlie, fut entièrement reconstruite. On imagine difficilement qu'elle ne mena nulle part pendant presque trente ans. À la hauteur du n° 83, l'énorme statue de H. Schimming, une sphère en plâtre tapissée de toile de sac multicolore, interpelle le flâneur.
Les grosses cordes retenant tabourets et échelles biscornus évoquent les tentatives de fuite des habitants de l'Est. À côté, une colonne marque l'emplacement d'une église de Bohême. Construite en 1793 pour les exilés tchèques, bombardée en 1943 et rasée vingt ans après.

TAZ,

Kochstr. 18.
Dans cette rue parallèle au Mur, côté ouest, le quotidien de gauche *Tageszeitung* (*TAZ*) s'établit en 1979 au premier étage d'une maison cossue ornée de cariatides et datant du début du XXe siècle. Sa cafétéria, ouverte au public de 8 h à 15 h, permet de prendre un petit déjeuner ou un encas au milieu des journalistes, dans une ambiance décontractée. Les prix sont extrêmement bas, le café et le chocolat chauds gratuits.

GSW,

Kochstr. 132.
Entre le haut immeuble Springer (groupe qui acquit le monopole du marché de la presse écrite de Berlin-Ouest dès les années 1950) et le mémorial évoquant l'escalade ratée du Mur par Peter Fechter en 1962, une tour de verre de 80 m s'élève comme une voile gonflée autour de quatre corps de bâtiment élancés. Les stores orange, rouges, roses des bureaux de cette société de construction sont manipulés à la main. Selon le temps et les humeurs des employés, le jeu des couleurs transforme le bâtiment en tableau animé, pour le plus grand plaisir des photographes.

Bernauer str.

OBERBAUMBRÜCKE

La frontière passant au milieu de la Spree, le plus beau pont de Berlin, qui fut endommagé vers la fin de la guerre sur l'ordre de Hitler, reste un des symboles de la partition de la ville. Seuls les piétons munis d'un permis de visite pouvaient l'emprunter. Il a repris son service en 1995, après avoir été restauré par l'architecte espagnol Santagio Calatravaet, ce qui explique le côté hispanisant ajouté à cette ancienne construction néogothique de la fin du XIXe siècle. À l'aigle brandebourgeoise, on a ajouté l'emblème de la ville, l'ours. C'est sous les arcades de ce pont que Lola court dans le film de Tom Tykwer (*Lola rennt*), un personnage type du Berlin des années 1990, avec sa jeunesse aux cheveux couleur feu.

MOLECULES MEN

Cette danse des retrouvailles met en scène trois gigantesques personnages blancs sur les eaux de la Spree, au nord de l'Oberbaumbrücke. Cette sculpture de Jonathan Borofsky fut installée en 1999 au point même où les trois arrondissements, Treptow, Kreuzberg et Friedrichshain, se rejoignent. Pour la photographier, l'idéal est de se placer sur le pont en fin d'après-midi.

MENSCHENLANDSCHAFT,
am Gröbenufer.

Entre les berges de la Spree et la Schlechische Straße, dans le jardin de sculptures nommé « Paysage humain », l'une des œuvres peut passer inaperçue, bien qu'elle se distingue par sa taille et sa symbolique. Deux personnages géants – un homme et une femme – sont allongés, l'homme est repu, la femme en attente. Cette scène symbolise la cohabitation difficile des deux Berlin. Espoir et résignation se dégagent de ces deux bronzes à dimension surhumaine.

MUSÉE DE L'ART INTERDIT, MIRADOR ET JARDINS,
Museum der Verbotenen Kunst,
Schlesischer Busch. Ouv. sam. et dim.

À la frontière entre Kreuzberg et Alt-Treptow, à quelques enjambées du Landwehrkanal et de Lohnmühleninsel traversée par le Mur, un authentique mirador se dresse dans un parc, comme s'il avait été oublié. Il abrite le minuscule musée de l'Art interdit, qui expose des artistes mis à l'index sous les dictatures. Cet ancien no man's land est un exemple réussi de réhabilitation du Mur. Transformé en parc avec de nombreux biotopes, il longe le canal agrémenté de passerelles et de berges joliment arborées. Par beau temps, les familles turques du quartier viennent s'y promener et les enfants y jouent, les pêcheurs titillent le poisson, les étudiants discutent. Des saules pleureurs dispensent leur ombre.

BERNAUER STRAẞE

La Bernauer Straße est pavée; à vélo, on roule sur le large trottoir séparé du terrain vague par un grillage. Ici, le Mur passait juste devant les portes des gens, ce qui explique que nombre d'entre eux trouvèrent la mort en tentant de sauter des étages dès sa construction. Plusieurs rangées de maisons furent détruites pour laisser place au couloir de la mort (*Todesstreifen*), aujourd'hui un terrain abandonné aux herbes folles. Les fenêtres des étages ayant vue sur l'Ouest sont toujours murées.

Un marquage commence devant la gare du Nord (Nordbahnhof), dont l'accès nord fut muré très tôt et ainsi rendu inaccessible aux Berlinois de l'Ouest. Aujourd'hui, de grands travaux sont en cours. À l'angle de la Gartenstraße, dans le couloir de la mort même, le dimanche de 10 h à 16 h se tient un marché aux puces avec des airs de kermesse, où se retrouvent les habitants du quartier.

SOPHIENFRIEDHOF

Le mur de ce cimetière devint tout simplement le Mur et le cimetière le couloir de la mort. On y voit un de ces hauts lampadaires aveuglants, typiques de la RDA. Quelques pans du Mur sont exposés sur le gazon tout frais, qui remplace désormais les mauvaises herbes du couloir de la mort. Plus loin, une allée de colonnes fort belles rappelle que ce cimetière eut des airs de parc.

LA CHAPELLE DE LA RÉCONCILIATION,

Kapelle der Versöhnung.
Ouv. du mer. au dim. de 10 h à 17 h.
Messe dim. à 10 h.

Ce petit bâtiment conçu comme un œuf remplace depuis 2000 l'ancienne église détruite par les bombardements et qui eut la malchance de se trouver juste sur le chemin de ronde. Dynamitée en 1985 pour des « raisons de sécurité et de propreté », elle fut reconstruite en pisé. Elle semble aujourd'hui aussi fragile que le Mur était solide.

LE MÉMORIAL DU MUR

Gedenkstätte Berliner Mauer, Bernauer Straße. Ouv. du mer. au dim. de 10 h à 17 h. Visite guidée dim. à 10 h et 16 h.

Après la réunification, le gouvernement allemand dut intervenir pour qu'une autoroute et un parking n'effacent pas ici à tout jamais les cicatrices de la partition. Environ 200 m du Mur ont ainsi pu être conservés. Un sentiment oppressant d'inéluctabilité se dégage du mémorial. Sur le trottoir d'en face, un centre d'information fait un sobre rappel des événements.

ODERQUELLE,

Oberberger Str. 29.
Ouv. tlj de 17 h à minuit.

L'ancien atelier du photographe Jimmy Schütz, du Berlin-Est des années 1960, a été transformé en café. On y a accroché des reproductions de ses photos. Il était fasciné par les jeux d'enfants dans les rues perpendiculaires au Mur, toutes des culs-de-sac. Dans ce quartier, c'est encore la RDA ; peu de façades sont restaurées et, quand elles le sont, on abuse souvent de la couleur, qui était une denrée rare à cette époque.

LE PARC DU MUR,

Mauerpark, Schwedter Str.

Là où le tracé du Mur se dirige vers le nord en formant un angle droit, un immense parc vallonné a été aménagé.

Oberbaumbrücke

Une haie de peupliers, des bacs à sable, une piste pour boulistes, un faux mur pour graffiteurs et des sculptures représentant des chaises longues attirent une population locale de tous âges. La salle Max Schmelling, en haut de la colline, porte le nom du célèbre boxeur allemand. Elle a été construite dans l'espoir d'accueillir les dernières rencontres olympiques.

UNE FERME POUR LES ENFANTS,
Kinderbauernhof, Schwedter Str. 90,
T 44 02 42 20. Ouv. du lun. au sam.
de 11 h 30 à 18 h.

Cette ferme est un formidable concept mis en œuvre par une association qui tenait à redonner vie à cet espace longtemps infranchissable. Elle s'adresse aux enfants de plus de 6 ans. À côté des occupations du jardin et de la ferme avec les animaux, des pédagogues initient les hôtes au travail de la laine, de la glaise, du papier, du bois ou de la peinture. La participation est gratuite et, pour 1 €, les jeunes peuvent aussi déjeuner autour d'une grande table campagnarde après avoir mis la main à la pâte.

BORNHOLMER STRAßE
Le poste frontière de la Bornholmer Straße fut le premier à s'ouvrir aux foules avides de liberté. Il était 22 h 30, le 9 novembre 1989. Peu de choses rappellent l'ouverture pacifiste de la frontière. Dans ce qui fut le couloir de la mort, le florissant marché aux voitures paraît d'autant plus surréaliste qu'un citoyen de la RDA devait autrefois attendre entre dix et seize ans pour avoir une Trabant ou une Lada.

Les ambassades

Le déménagement historique du gouvernement allemand de Bonn a engendré une spécificité berlinoise : Berlin est la capitale au monde qui rassemble le plus grand nombre de nouvelles ambassades. Ce sont des résidences spectaculaires, souvent audacieuses dans le traitement des formes et des couleurs. Leur forte concentration dans le sud du Tiergarten – officiellement décrété « quartier diplomatique » en 1938 – est une invitation à découvrir les réalisations des plus grands architectes du monde. Mais les *Länder* et les partis politiques entendent aussi profiter de cet environnement et se construisent des palais. Un détour s'impose jusqu'au « Salon diplomatique », la plus prestigieuse des adresses diplomatiques depuis la fin du XIXe siècle. Située, par hasard, sur une place dénommée « parisienne » (Pariser Platz), elle ne reçoit que les Alliés, qui retrouvent leur emplacement historique.

L'ambassade de Finlande

LE SIÈGE DE LA CDU,
CDU-Haus, angle Klingelhöferstr. et Landwehrkanal. Pas de visite.
Conçu comme un bateau sous l'ère de Kohl, le bâtiment en bois a été revêtu d'une carapace de verre, qui, selon les dispositions de la météo, devient transparente ou opaque. La façade, qui donne sur les berges arborées du Landwehrkanal, offre, par beau temps, un magnifique spectacle qui ravit les photographes. Une des plus belles vues de la Siegessäule s'offre aussi à eux. La *Victoire* est au bout de l'allée.

L'AMBASSADE DU MEXIQUE,
Botschaft der Vereinigten Staaten von Mexiko, Klingelhöferstr. 3, T 26 93 23 00. Ouv. du lun. au ven. de 9 h à 13 h et de 14 h à 17 h.
L'ambassade du Mexique, tout en étant la plus avant-gardiste de la capitale, est d'une monumentalité qui rappelle l'architecture latine. Derrière l'imposant rideau vertical de béton blanc composé de lamelles se dissimule un hall de verre tout en hauteur, dont la partie cylindrique supérieure a des allures de cathédrale. Un jardin aménagé comme un escalier fait la liaison entre les parties officielle et culturelle, cette dernière étant accessible au public.

L'AMBASSADE DES PAYS NORDIQUES,
Botschaten der nordischen Länder, Rauchstr. 1, T 50 500. Ouv. tlj de 10 h à 19 h, sam. et dim. jusqu'à 17 h.
Des expositions servant de tremplin aux jeunes artistes nordiques y sont organisées régulièrement. Protégées par une palissade de lamelles vertes, les cinq ambassades des pays nordiques ont fait le choix politique du complexe réunificateur, tout en mettant en évi-

L'ambassade d'Islande

dence leur individualité. La dimension de chaque pavillon agencé autour d'une place ouverte correspond au poids politique de chaque pays. Les matériaux utilisés représentent le Nord ; l'Islande compense sa petite taille par la rhyolite rouge, le Danemark joue avec l'élégance et la pureté typiques de son design, la Norvège évoque ses fjords avec un bloc de granit de 120 t, les Suédois multiplient les matériaux locaux en plus de l'inévitable bouleau et la Finlande a retenu une architecture extérieure sévère avec un intérieur chaleureux, comme cela va de soi dans un pays au climat rude.

L'AMBASSADE DU JAPON,
Botschaft von Japan, Hiroshimastr. 6.
Pas de visite.
Le Japon réintègre son emplacement historique en bordure du Tiergarten. La résidence, toute de blanc revêtue – pas très orientale –, est l'une des plus imposantes par la taille. Rien d'étonnant à cela, puisqu'elle fut construite entre 1938 et 1942 par les architectes du Reich pour récompenser les alliés du régime. Elle fut fortement bombardée et ses ruines ne devaient être enlevées qu'à partir de 1985, date à laquelle la décision de reconstruire à l'identique fut prise. Depuis mars 2001, elle est de nouveau la première adresse du Japon dans la capitale, mais pas pour les sushis ni la cérémonie du thé !

L'AMBASSADE DE GRÈCE,
Botschaft von Griechenland, Hiroshimastr. 13.
Cette maison abandonnée aux herbes folles à la fin de la guerre appartient à la Grèce depuis le début du siècle (1911). On devine aisément sa beauté d'antan, mais sa restauration est reportée au calendes grecques…

L'AMBASSADE D'ITALIE,
Botschaft von Italien, Hiroshimastr. 1.
On continue à relever les ruines de l'immense construction datant de l'époque nazie. Le palais de marbre aux colonnes ocre verra les citrons mûrir au printemps 2003. En face, dans le Tiergarten, un Richard Wagner en pierre assis sur un grand socle de marbre souillé par les années attend aussi la mise en œuvre de son toilettage.

L'ambassade d'Inde

L'AMBASSADE D'INDE,
Botschaft von Indien, Tiergarten 16, T 25 79 50.
Cette ambassade s'ouvre au public lors de manifestations culturelles. Elle ne passe pas inaperçue, avec son grès rouge du Rajasthan qui flamboie sous le soleil. De nombreux éléments abs-

traits, comme les fenêtres de dimensions variables, se mêlent à l'eau qui ruisselle autour d'un magnifique atrium.

L'AMBASSADE D'AUTRICHE,
Botschaft von Österreich,
Tiergartenstr. 12.
Ouv. du lun. au ven. de 9 h à 16 h.
L'Autriche s'installe dans un bâtiment tout près de son ancien domicile entièrement bombardé. Elle dispose de plusieurs bâtiments surprenants, car colorés en orange, ocre et gris foncé. Les formes sont très variées, passant du cube à l'ellipse.

L'AMBASSADE D'ÉGYPTE,
Botschaft von Ägypthen,
Stauffenbergstr. 4. Pas de visite.
L'immense bloc de marbre marron orné de feuilles de papyrus stylisées est d'une pureté et d'une sobriété reposantes. C'est l'Égypte.

LA REPRÉSENTATION DU LAND DE BADE-WÜRTEMBERG,
Landesvertretung Baden-Württemberg,
Tiergartenstr. 15. Ouv. du lun. au jeu. de 10 h à 17 h, ven. de 10 h à 14 h.
On la nomme familièrement « la Maison des princes du Land de Bade ». Aussi imposante qu'une ambassade, elle utilise subtilement la lumière. Le plafond de son hall ressemble à une croix sculptée. Devant l'entrée, une sculpture en bronze et cuivre traite le thème du croisement, évocation de celle des hommes politiques, grands et petits.

LES REPRÉSENTATIONS DES LÄNDER DE NORD-WESTPHALIE ET DE BRÊME,
Landesvertretungen Nordrheinwestfalen et Land Bremen, respectivement 12 et 14 Hiroshimastr. Ouv. du lun. au jeu. de 10 h à 16 h, ven. de 10 h à 14 h.
Les sièges de ces Länder attirent le regard, le premier utilisant des arceaux de bois clair revêtus d'une carcasse de verre, le second tirant sur le rose, plus ou moins vif selon le temps. Au n° 17, le bâtiment en briques violet noirâtre jouxte un sympathique pavillon en fer-blanc composé de parasols. C'est le siège de la fondation du parti FDP (Friedrich-Ebert-Stiftung).

« SALON DIPLOMATIQUE »,
Pariser Platz, Portzamparc-Botschaft,
Wilhelmstr. 70.
S'annoncer au T 20 457 254.
Parmi les quatre ambassades qui se partagent cette adresse historique, les Britanniques surprennent par leur façade principale échancrée et la valse de couleurs plutôt inattendues. L'œuvre est signée Wilford. La France est plus sobre ; l'architecte Portzamparc a dû tenir compte des contraintes sécuritaires imposées par la proximité de la porte de Brandebourg. Les États-Unis, dont la nouvelle ambassade est prévue tout près, n'en ont toujours pas posé la première pierre. Quant à la fédération russe, elle occupe l'interminable bâtiment blanc orné de dorures le long de l'avenue Unter den Linden. Reconstruit en 1948, il est caractéristique de l'architecture stalinienne de l'époque et du réalisme socialiste.

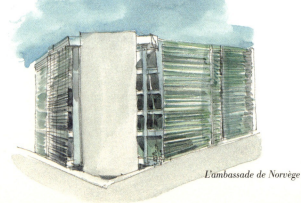

L'ambassade de Norvège

Les cimetières

La ville compte une bonne soixantaine de cimetières, parfois cachés entre des rangées de HLM, souvent sertis dans d'immenses parcs boisés. À Kreuzberg, quatre cimetières de confessions différentes sont disposés les uns à côté des autres et séparés par un simple muret. Voici l'explication : Berlin, jusqu'en 1920, était composée de villes et de villages autonomes dotés de leurs propres institutions. En outre, pendant longtemps, la charge des cimetières incomba à l'Église. Dans le Berlin prussien, les protestants, très nombreux, ouvrirent de nombreux lieux d'inhumation dans leur paroisse, puis apparurent des cimetières catholiques et juifs. Les musulmans, ainsi que les russes orthodoxes, ont encore leurs propres sépultures. La visite de ces lieux du souvenir est une promenade originale à travers l'histoire de la civilisation berlinoise, une balade au cours de laquelle on découvre d'étonnants éléments architecturaux. La plupart des cimetières, sauf mention contraire, sont ouverts de 8 h à la tombée de la nuit.

Mitte Nord

LE CIMETIÈRE DOROTHEENSTADT,
Dorotheenstädtischer Friedhof, Chausseestr. 126.

Une promenade dans ce cimetière est une sorte d'incursion dans le monde intellectuel allemand. Ici reposent les philosophes Johann Gottlieb Fichte et Friedrich Hegel, ainsi que les écrivains Heinrich Mann (le frère de Thomas), Arnold Zweig (*Le Cas du sergent Grischa*, 1927) et Anna Seghers (*La Septième Croix*, 1942). On trouve aussi les tombes des grands noms de la littérature est-allemande d'après guerre, comme Heiner Müller, Stephan Hermlin, celles des compositeurs Hanns Eisler – un élève d'Arnold Schönberg – et Paul Dessau, qui travailla avec Brecht, la sépulture de l'architecte Karl Friedrich Schinkel dont les œuvres se trouvent un peu partout à Berlin et à Potsdam. La tombe la plus célèbre est celle de Bertolt Brecht, qui passa les dernières années de sa vie dans un appartement situé juste à côté du cimetière. Ici gît aussi sa femme, Helene Weigel, actrice et directrice du fameux Ensemble de Berlin créé par Brecht.

Le chanteur rebelle Wolf Biermann a écrit un beau poème sur ce cimetière :
« Nous marchons main dans la main vers la tombe de Brecht
et pensons tout en nous embrassant comme proches nous sont certains morts, comme loin nous sont certains vivants. »

LE CIMETIÈRE FRANÇAIS,
Französischer Friedhof, Chausseestr. 127.
Dans ce cimetière ouvert en 1780 par la communauté française réformée reposent des célébrités de la vie cultu-

relle berlinoise du XIXᵉ siècle, comme le graveur et peintre Daniel Chodowiecki ou l'acteur Ludwig Devrient, qui a dirigé le théâtre Das Königliche Schauspielhaus de Berlin. La belle tombe en marbre de Friedrich Ancillon, un des plus proches conseillers du roi de Prusse Frédéric-Guillaume III, est une des dernières œuvres de Schinkel. Impressionnante aussi est celle en bronze du collectionneur d'art Peter Ludwig Ravené.

LE CIMETIÈRE DE LA COMMUNAUTÉ FRANÇAISE DE BERLIN,
Friedhof II der französischen Gemeinde, Liesenstr. 7.

Ce deuxième cimetière français de Berlin, ouvert en 1835, fut coupé en deux par le Mur. Beaucoup de tombes furent détruites par l'armée est-allemande pour faire place aux obstacles contre les éventuels chars américains et ainsi mieux protéger la frontière. Aujourd'hui, il faut chercher un peu pour trouver la tombe restaurée du poète huguenot Theodor Fontane, le maître du roman de la société brandebourgeoise sur fond prussien (*Effie Briest*, *Pérégrination à travers la marche de Brandebourg*, *Avant la tempête*). Sa famille était originaire d'un petit village à côté de Sommières, dans le Gard.

LE CIMETIÈRE DES INVALIDES,
Invalidenfriedhof, Scharnhorst-Str. 25.

Une curiosité parmi les 200 tombes qui restent : celle du pilote Manfred von Richthofen, le baron Rouge. Ce cimetière doit son nom aux 3 000 vétérans des guerres prussiennes qui y seraient enterrés. C'est devenu un lieu commémoratif de l'histoire prussienne de l'Allemagne. Situé juste à la frontière entre les deux Allemagnes, il était longé par le Mur, dont quelques pans ont été conservés.

Weißensee

LE CIMETIÈRE JUIF DE WEIẞENSEE,
Jüdischer Friedhof Weißensee,
Hebert-Baum Str. 45.
Ouv. du dim. au jeu. de 8 h à 17 h,
ven. de 8 h à 15 h.

Weißensee était le plus grand cimetière juif d'Europe, avec plus de 115 000 morts sur 40 ha. Il remplaça le vieux cimetière juif de Prenzlauer Berg, devenu trop petit, où reposent, entre autres, le peintre impressionniste Max Liebermann et le compositeur Giacomo Meyerbeer, décédé à Paris. Weißensee – contrairement aux autres cimetières – ne fut pas endommagé sous le régime nazi. Aujourd'hui, il ressemble presque à une forêt vierge, tant la végétation y est dense.

Weißensee

Lichtenberg

LE CIMETIÈRE CENTRAL FRIEDRICHSFELDE,
Städtischer Zentralfriedhof Friedrichsfelde, Gudrunstr.

À l'origine, c'était le cimetière des pauvres de Berlin. Il devint célèbre en 1919, à la suite de l'assassinat des fondateurs du parti communiste Karl Liebknecht et Rosa Luxemburg par une milice d'extrême droite. Une manifestation de grande envergure accompagna le cortège funèbre. Sur la stèle commémorative érigée pendant les années 1920 sont inscrites les dernières paroles de Rosa Luxemburg : « J'étais, je suis, je serai. » Le « Berlin rouge » continue d'honorer les morts du mouvement prolétarien. Les 35 tombes sont ceintes par une haie de buis ; parmi elles, les grands noms de la nomenclature de la RDA, comme Wilhelm Pieck ou Walter Ulbricht. Erich Honecker, en revanche, est enterré dans son exil chilien.

Kreuzberg

LES CIMETIÈRES DE LA PORTE HALLESCHEN,
Friedhöfe am Halleschen Tor,
Mehringdamm/Zossener Str.
Quatre cimetières ont été édifiés les uns à côté des autres, avec de nombreuses sculptures rococo et classiques. Ici repose le Français Antoine Pesne, qui quitta Paris pour Berlin en 1710. Peintre à la cour de Frédéric le Grand, il est une des figures les plus représentatives du rococo. L'allée la plus originale de tous les cimetières de Berlin est sans conteste celle que conçut le peintre et sculpteur Kurt Mühlenhaupt pour sa propre tombe et celles de sa famille. C'est un subtil mélange d'éléments symbolistes et naïfs. On y trouve aussi les sépultures du compositeur Felix Mendelssohn-Bartholdy, ainsi que celles des frères et sœurs de Heinrich Heine, et celle de Ernst Theodor Amadeus Hoffmann, dont les textes inspirèrent le *Casse-Noisette* de Tchaïkovski et *Les Contes d'Hoffmann* d'Offenbach. C'est ici aussi que repose l'écrivain et naturaliste Adelbert von Chamisso, qui fuit sa Champagne natale avec sa famille sous la Terreur. Bref, ce cimetière recèle pas mal de surprises.

BERGMANNSTRAßE
Là encore, quatre cimetières sont placés les uns à côté des autres. À Berlin, chaque Église avait le sien. On y voit beaucoup de tombes néoclassiques et Art nouveau. Il ne faut pas manquer le remarquable mausolée égyptien d'Oppenfeld, le monumental tombeau Gründerzeit de l'industriel von Krause et, enfin, l'imposant sarcophage du ministre des Affaires étrangères Gustav Stresemann, récompensé par le prix Nobel de la paix avec son collègue français Aristide Briand pour leur action en faveur de la réconciliation des deux pays.

Schöneberg

ALTER ST MATTHÄUS-KIRCHHOF,
Großgörschenstr. 12-14.
Il y a un siècle encore, c'était à la fois le quartier des riches commerçants et des industriels, et celui des chercheurs et des artistes. Témoignages de cette époque : les belles tombes des célèbres frères Grimm, du compositeur Max Bruch, du physicien Gustav Robert Kirchhoff ou de l'archéologue Ernst Curtius, qui dirigea les fouilles de l'antique Olympie. Après l'attentat manqué contre Hitler, on y enterra assez vite les officiers qui avaient fomenté le complot, mais, peu après, les corps furent exhumés, incinérés, et les cendres dispersées dans les environs de Berlin.

LE CIMETIÈRE FRIEDENAUER,
Friedenauer Friedhof,
Stubenrauchstr. 43-45.
Un seul nom a rendu célèbre ce petit cimetière plutôt discret de Schöneberg, celui de Marlène Dietrich. « Son nom commence comme une caresse, mais se termine comme un coup de fouet », disait d'elle Jean Cocteau. Elle a désiré reposer en Allemagne, à Berlin, dans son quartier natal, là où elle grandit et près de la tombe de sa mère, décédée en 1945. Sur une pierre en marbre bleu est inscrite une dernière pensée : « Ici, je me trouve à la frontière de mes jours » (« *Hier steh ich an den Marken meiner Tage* »).

Zehlendorf

LE CIMETIÈRE FORESTIER DE ZEHLENDORF,
Waldfriedhof Zehlendorf,
Potsdamer Chaussee 75-77.

À vrai dire, c'est plutôt une forêt avec des tombes et des croix dispersées. En février 2002, l'actrice Hildegard Knef, une des rares artistes allemandes reconnues aux États-Unis, y fut inhumée. Ses funérailles furent retransmises en direct par l'ARD.

Après avoir vu les sépultures du légendaire bourgmestre Otto Reuter (« Peuples du monde, regardez cette ville ! ») et du célèbre architecte Hans Scharoun, il faut absolument s'arrêter devant la tombe sans artifice de Willy Brandt, chancelier (1969-1974) et prix Nobel de la paix (1971). Quatre mots y sont inscrits en petites lettres : « *Man hat sich bemüht* » « On s'est donné de la peine »).

Dahlem

LE CIMETIÈRE FORESTIER DE DAHLEM,
Waldfriedhof Dahlem, Hüttenweg 47.
Aménagé pendant les années 1930, ce cimetière ressemble à un beau jardin. Dans le souci de préserver l'harmonie architecturale, on y refuse toute tombe extravagante. Priorité est donnée à l'ordonnancement du lieu. Des personnalités connues reposent ici : le poète Gottfried Benn, l'écrivain anarchiste Erich Mühsam, le peintre expressionniste Karl Schmidt-Rottluff, initiateur, en 1967, du proche Brücke-Museum, le compositeur Rudolf Nelson, metteur en scène de nombreuses revues pendant les années 1920, le metteur en scène d'opéra Götz Friedrich, ainsi que Bernd Rosemeyer, le meilleur pilote automobile avant la guerre.

Charlottenburg

STÄDTISCHER FRIEDHOF HEERSTRAßE,
Trakehner Allee 1.
C'est peut-être le plus beau cimetière de Berlin, car il bénéficie d'un emplacement idyllique au bord d'un lac. Les rangées de tombes montent le long de chemins en terrasses, comme dans un amphithéâtre. De nombreux artistes et comédiens ont choisi de reposer dans ce théâtre naturel : le dessinateur et peintre George Grosz, le cofondateur du naturalisme allemand Arno Holz, le poète Joachim Ringelnatz, l'auteur de nombreuses comédies Curt Goetz et, parmi les comédiens, la tragédienne Tilla Durieux, consacrée pour son rôle dans *La Folle de Chaillot*.

Au sud-ouest

CIMETIÈRE DE STAHNSDORF,
Südwestkirchhof, Bahnhofstr./Potsdamer Landstr. à Stahnsdorf.
Autrefois, un tramway reliait Berlin à ce cimetière. La gare de Stahnsdorf fut dynamitée par l'ex-RDA après la construction du Mur. Aujourd'hui, on peut s'y rendre en bus. Un plan détaillé des tombes les plus intéressantes est distribué à la conciergerie (ferm. sam. et dim.). L'endroit est étrange, comme si la chute du Mur ne le concernait pas. C'est l'un des plus grands et des plus beaux cimetières forestiers de toute l'Allemagne. D'une grande chapelle en bois bâtie en 1908 sur un modèle norvégien (Südwestkirchhof) partent dans toutes les directions des allées majestueuses. On peut suivre un des itinéraires du plan ou se laisser aller au gré des chemins, la plupart du temps seul sur plusieurs kilomètres de sentiers. On va de surprise en surprise, avec ici un temple antique à huit colonnes ioniques, un tombeau de style cubiste, là des monuments Arts déco. Les historiens d'art viennent voir le tombeau du mécène Julius Wissinger, dont les arcades expressionnistes s'étendent sur plusieurs mètres. Très surprenant aussi est celui de l'auteur de comédies Gustav Kadelburg, qui ressemble à un cachot de château fort. Parmi les noms les plus connus de Stahnsdorf : le peintre Lovis Corinth, le compositeur Engelbert Humperdinck (*Hänsel et Gretel*), le réalisateur Friedrich Wilhelm Murnau (*Nosferatu le vampire*), le dessinateur le plus célèbre de Berlin, Heinrich Zille, les

dynasties von Siemens, Ullstein et Langenscheidt, avec des caveaux de famille imposants.

De magnifiques concerts sont donnés dans l'église norvégienne d'avril à décembre, le dimanche à 15 h. (Se renseigner au T 29 61 41 06, fax 29 61 41 07. Entrée : 3 €.) Réservation impérative. Le concert de Noël, a lieu début décembre, est toujours complet au moins quatre semaines à l'avance.

Bergmannstraße

Les environs de Berlin

Découvrir

Barnimer Land

Le Barnimer Land, au nord-est de Berlin est un paysage de marécages et de forêts doucement vallonné, avec de nombreux lacs propices à la baignade. À ceux qui désirent faire une excursion de plus d'un jour, nous conseillons d'aller jusqu'en Schorfheide, un terrain giboyeux depuis toujours. Aux royales et impériales parties de chasse s'ajoutèrent, dans un passé récent, celles des chefs de gouvernement des pays de l'Est – Brejnev et Honecker étaient chasseurs. Aujourd'hui, cette terre de bruyère est placée sous la protection de l'Unesco.

LES RUINES DU CLOÎTRE DE CHORIN,
Klosterruine Chorin. Ouv. de 9 h à 18 h, jusqu'à 16 h de novembre à mars.
Chorin était un cloître de l'ordre de Cîteaux, bâti en 1260 et détruit pendant la guerre de Trente Ans. Il passe pour la plus belle ruine monastique de l'est de l'Allemagne. Ce n'est qu'au XIXe siècle que les premiers travaux de restauration commencèrent et, en 1910, la nef retrouva sa toiture. Le style de Chorin, qui réussit pour la première fois à réaliser les enjolivements à la française sur la brique, est caractéristique du gothique en briques rouges du nord de l'Allemagne.

De magnifiques concerts sont donnés en été, en fin d'après-midi, dans ce lieu empreint de spiritualité. Renseignements au T (033 34) 65 73 10, Choriner Musiksommer.

L'ASCENSEUR FLUVIAL DE NIEDERFINO,
Schiffshebewerk Niederfino, Hebewerkstr. 51. Visite de mars à octobre, T (03 33 62) 250.
Ce chef-d'œuvre prodigieux de la technique fluviale existe depuis 1934. Un ascenseur de 36 m transporte en amont ou en aval du canal Havel tous les bateaux en direction de Berlin ou de Stettin. Cette procédure ne prend que quelques minutes ; c'est donc un formidable gain de temps, puisqu'il fallait plusieurs heures aux embarcations pour franchir la dénivellation des eaux.

Quelque 20 000 bateaux empruntent chaque année l'ascenseur, et plus de 3 millions de tonnes de marchandises sont ainsi transportées.

LA PETITE VILLE DE BERNAU
La visite de l'ancienne maison du bourreau (*Henkerhaus*), dans la rue du même nom située au nord de l'enceinte médiévale de Bernau (20 000 habitants) donne la chair de poule : instruments de mise à mort et crânes des derniers exécutés à la fin du XIXe siècle. (Am Henkerhaus, ouv. du jeu. au ven. de 9 h à midi et de 13 h à 17 h, sam. et dim. de 10 h à 13 h et de 14 h à 17 h. Entrée : 2 €.)
Moins inquiétante, l'église gothique Marienkirche, du XVe siècle, recèle un immense et fastueux autel de l'école de Lucas Cranach. (Ouv. d'avril à octobre de 13 h à 15 h, sam. de 14 h à 15 h, dim. de 14 h à 16 h, ferm. lun. Visite guidée sur demande au T 033 38 23 39.)

WANDLITZ
Tout le monde en parlait, mais personne n'avait jamais vu la résidence des dirigeants du parti et du gouvernement de la RDA. Une route privée (aujourd'hui la Bundesstraße 273) fut construite pour relier en moins d'une heure l'autoroute de Berlin à la cité interdite, dissimulée dans un espace boisé au nord de la capitale, à 3 km à l'ouest de Wandlitz. Les villas d'antan, que les rumeurs et légendes décrivaient comme luxueuses, paraissent de nos jours bien modestes. Depuis les années 1990, elles hébergent aussi un complexe pour curistes.

Havelland

Parmi les plus importants récits de voyage de la littérature allemande, il y a les *Pérégrinations à travers la marche de Brandebourg,* de Theodor Fontane, le romancier huguenot. Au VIe siècle, des colons slaves érigèrent sur une île du fleuve Havel le château Brennabor – qui signifie « le bois qui brûle » et qui donna plus tard son nom à la région du Brandebourg. Ce paysage de l'ouest de Berlin qui ourle les berges de la Havel offre des heures de douce nostalgie à ceux qui prennent le temps de marcher dans les belles forêts ou de faire le tour des nombreux lacs qui ponctuent le territoire. On peut aussi opter pour des balades en calèche ou des excursions en bateau à travers cette campagne connue depuis des siècles comme le jardin et le verger de la capitale. La meilleure saison est le printemps, lorsque les arbres fruitiers en fleurs parent de rose et blanc des kilomètres à la ronde.

NAUEN
Cette agglomération qui remonte au XIIIe siècle possède de très intéressants vestiges médiévaux. Nauen est le lieu idéal pour commencer une excursion en Havelland. Il n'est pas nécessaire de disposer d'une voiture pour cela, car d'excellentes connexions en bus et en train relient la ville à Charlottenburg et Spandau. De nombreux chemins de randonnée parfaitement balisés partent de Nauen et conduisent aux maisons pittoresques et typiques de la contrée. Une vue du ciel sur la région est possible chaque fois que les conditions météo permettent le survol. Se renseigner au T (03 321) 45 01 66, 20 € les quinze minutes en hélicoptère, 200 € l'heure en ballon.

LA BATAILLE DE FEHRBELLIN
Le long de la Deutsche Alleenstraße, au nord-ouest de Berlin et tout près de la petite ville de Fehrbellin, se situe le village de Hakenberg. Ici, le prince électeur Frédéric-Guillaume de Brandebourg vainquit l'armée suédoise, qui occupait une grande partie du nord de l'Allemagne à la suite de la guerre de Trente Ans. Avec cette victoire, Brandebourg entra non seulement en possession de la région de Vorpommern, mais connut un essor extraordinaire qui devait conduire au rayonnement des futurs roi de Prusse. Le commandant de la cavalerie victorieuse inspira plus tard le poète Heinrich von Kleist pour son célèbre *Prince de Homburg*. Une

Les environs

colonne de la Victoire, dans la forêt de Hakenberg, rappelle ce moment historique. Du haut de l'escalier tournant, on jouit d'une magnifique vue sur le paysage de plaines.

RIBBECK

« *Herr von Ribbeck auf Ribbeck im Havelland, ein Birnbaum in seinem Garten stand...* » Ainsi débute le célèbre poème de Theodor Fontane. Il conte l'histoire d'un noble généreux qui fournissait en poires tous les gens du village. À sa mort un poirier poussa sur sa tombe, qui donna ses fruits aux générations suivantes. Il ne s'agit pas totalement d'une fiction, l'auteur s'est inspiré d'une vieille poésie largement répandue dans le coin. À l'intérieur de la mignonne église du village située à côté de la ferme de la famille Ribbeck, dont le nom remonte au XIIIe siècle, sont conservés les restes du vieux tronc de l'arbre fruitier devenu légendaire et qui « succomba aux assauts d'une terrible tempête il y a près d'un siècle. Entre-temps, un nouveau poirier fut planté près de l'église. Les écoliers viennent lui rendre hommage.

Manger et dormir

GASTHOF ZUM 1. FLIEGER,
Stölln bei Rathenow, Otto-Lilienthal Str. 7, T (03 385) 51 23 36.
10 chambres de 25 à 35 €.

Ce restaurant-auberge est entre les mains de la même famille depuis 1840, soit cinq générations. La maison est rustique, l'ameublement et l'atmosphère sont campagnards. On y sert une authentique et copieuse cuisine régionale, et les chambres sont douillettes. La rue dans laquelle se trouve l'auberge a pris le nom du pionnier de l'aviation Otto Lilienthal, qui vécut ici ses deux dernières années, avant de trouver la mort en 1896 dans le planeur qu'il avait lui-même construit.

Potsdam

À l'époque des rois de Prusse, il y avait tant de garnisons à Potsdam que l'on ne voyait plus les palais. Aujourd'hui, les hordes de touristes ont remplacé les soldats. Le circuit proposé plaira à la fois à ceux qui détestent les visites guidées, aux amoureux de la nature, qui graviront par de charmants sentiers une colline boisée au nord du centre-ville, et aux férus d'histoire, grande et petite, ancienne et récente. Le paysage est émaillé de maisons russes, d'un cimetière juif, d'une chapelle russe, d'un belvédère avec vue sur la Havel. La descente mène de jardin en jardin, tout d'abord à ceux des ouvriers, (*Schräbergärten*), avec une halte gastronomique. Enfin, bordant le lac Heiliger, le parc royal (Neuer Garten) évoque la fin du XVIIIe siècle. Le passé récent nous y rejoint, comme toujours à Berlin et dans ses environs, avec la conférence de Potsdam (1945), qui se tint dans la résidence d'été des Hohenzollern (Schloss Cecilienhof). Il faut compter trois petites heures de marche facile, loin de l'agitation du château de Sans-Souci.

Découvrir

LA VIRGULE DU CHÂTEAU SANS, SOUCI

Rien de nouveau au château Sans-Souci, si ce n'est une banale affaire de ponctuation, qui donnait des migraines depuis plus de deux siècles à des poignées de puristes, fanatiques de l'histoire de Fréderic Le Grand. Un chercheur allemand, H. D. Kittsteiner, prétend résoudre l'énigme dans son livre *Das Komma von Sans, Souci* (« La Virgule de Sans, Souci ») paru récemment (Manutius Verlag, 15 €).

Les Français écrivent le nom du célèbre château en deux mots et les Allemands en un seul (*Sanssouci*). Le maître des lieux, lui, avait une autre orthographe. Il fit graver en lettres dorées sur la cimaise de son château : « Sans, Souci. ». Pour le chercheur, il ne fait aucun doute, que la virgule a été utilisée pour exprimer un sentiment intime du roi. À savoir : « Sans virgula souci », *virgula* signifiant « verge » en latin. Et d'argumenter « Frédéric II était trop philosophe pour convoiter une vie sans aucun souci dans son magnifique refuge rococo de Potsdam. »

Une devinette de plus à ajouter aux cryptogrammes que le roi faisait passer à son ami Voltaire !

LA COLONIE RUSSE ALEXANDROWKA,

Siedlung Alexandra, entre Puschkinallee, Am Schragen et Kappenberg (tram 92).

La colonie russe de Potsdam est une curiosité discrètement blottie au nord de la ville depuis 1826. Treize maisons à colombages richement sculptées furent bâties pour héberger et, surtout, retenir des soldats du chœur de l'armée du tsar faits prisonniers. Le roi de Prusse Frédéric-Guillaume III, qui avait une résidence secondaire à Potsdam, leur offrit un toit en récompense de leurs chants mélancoliques dont, paraît-il, il ne pouvait se passer. Pratiquement inchangés, ces bâtiments chaleureux sont toujours habités par les descendants des choristes. Ambiance russe assurée sous la neige.

LA CHAPELLE ALEXANDRE-NEWSKI,

Alexander Newski Kapelle,
sur la Kappellenberg.
Ouv. dim. de 10 h 30 à 12 h.

Un chemin de forêt comme destiné aux promeneurs romantiques conduit à l'église russe orthodoxe dissimulée par de grands arbres. Fraîchement restaurée, arborant une couleur rose bonbon et un dôme doré, elle a quelque chose de féerique. D'autant que les visiteurs sont assez rares.

LE TEMPLE DE POMONE,

Pomonatempel, sur la colline Pfingstberg.
C'est le premier ouvrage réalisé par Schinkel en 1800 (à l'âge de 18 ans) pour un conseiller de la cour qui cultivait vignes et fruits sur la colline. Il porte le nom de la divinité protectrice des fruits dans la mythologie romaine. Presque perdu dans la nature, ce pavillon blanc récemment restauré est de forme classique stricte, avec quatre colonnes ioniques.

LE BELVÉDÈRE,

sur la Pfingstberg.
De mai à fin septembre, ouv. tlj de 10 h à 18 h; de septembre à fin avril,
ouv. tlj de 11 h à 16 h.
Ce point culminant en haut de la colline (Pfingstberg) renaît actuellement de ses ruines. Trop proche de la frontière des deux Allemagnes, il fut abandonné par la RDA et interdit au public. Au milieu du XIXe siècle, il avait été rêvé majestueux par le cinquième roi de Prusse, Frédéric-Guillaume IV. Épris de la vue époustouflante sur Potsdam, la Havel et les bois environnants, il s'inspira des villas de la Renaissance italienne pour la construction de l'édifice. Les travaux de restauration sont aujourd'hui bien avancés, et le Belvédère est accessible.

LA PYRAMIDE,

Neuer Garten.
Une autre curiosité se dissimule dans cet idyllique parc à l'anglaise, qui bénéficie d'un emplacement exceptionnel le long du Heiliger See : un bâtiment précurseur du réfrigérateur érigé en 1792. Les provisions y étaient déposées sur des morceaux de glace tirés du lac. Une méthode qui ne fonctionnait évidemment qu'en hiver. La pyramide se trouve non loin de l'orangerie, qui date de la même époque et dont la façade est, avec ses sphinx, également d'inspiration égyptienne. Sur l'autre côté de la rive du lac résident les personnalités de la mode et du business.

L'ÎLE DE L'AMITIÉ,
Freundschaftsinsel. Ouv. tlj de 8 h
à la tombée de la nuit. Entrée libre.

Un jardin est un jardin, mais aucun ne se ressemble. Celui qui occupe cette charmante petite île posée sur la Havel, entre la gare et la mairie, porte la signature du jardinier le plus célèbre de Potsdam, Karl Foerster (1874-1970). Il consacra toute sa vie aux plantes vivaces et aux herbes, qu'il faisait pousser dans la plus grande harmonie. Ce botaniste passionné du jardin a constitué une sorte de musée des vivaces, en collectionnant parfois jusqu'à une cinquantaine de sortes de pieds-d'alouette, d'asters, de chrysanthèmes et d'anémones... Les sculptures en bronze représentant des animaux ou des jeunes gens sont attendrissantes, comme le couple sous un parapluie, vers l'entrée, qui date des années 1960.

LA STATION DE POMPAGE,
Dampfmaschinenhaus, Neustädter
Havelbucht, Breite Str.

Ce qui ressemble à une mosquée le long de la baie de la Havel, au sud de la ville, n'est en fait qu'une station de pompage, construite en 1842 pour alimenter en eau les fontaines du château de Sans-Souci de Frédéric II. Ornée d'arcades mauresques, cette installation historique pompe toujours l'eau de la Havel.

LE TEMPLE DES HUGUENOTS,
Gotteshaus der Huguenotten,
Gutenbergstr. 77.
Ouv. lors du culte, dim. à 15 h.

Il fut offert par Frédéric II aux quelque 20 000 huguenots qui, à la faveur de l'édit de Potsdam, s'installèrent en Prusse. Construite par Knobelsdorff sur le modèle du Panthéon de Rome, c'est le dernier temple huguenot en Brandebourg. Il fut détruit pendant la dernière guerre, sa restauration s'est achevée en 1999.

STEINSTÜCKEN

C'est un pur hasard de l'Histoire qui, après guerre, a placé ce petit village sous les feux de l'actualité. Au début du XXe siècle, aux portes de Berlin, fut construite une colonie de bungalows rattachée administrativement à la ville. Ce petit lopin de terre revint donc logiquement au secteur américain, bien que complètement encerclé par la RDA. Il comptait moins de 200 habitants. Presque tous travaillaient à Berlin ; chaque matin et chaque soir, ils devaient se soumettre aux contrôles chicaniers des gardes-frontière de l'Est. Lors du blocus, un hélicoptère américain ravitailla la population. À l'endroit où il atterrissait, on a construit une aire de jeux pour enfants haute en couleur.

Le Mur, ici symbolisé par des barbelés, longe toujours la route principale. Une croix en bois se dresse à l'endroit où un fugitif, tentant de gagner le secteur américain, tomba sous les balles de la police des frontières. Des projecteurs témoignent du temps où le Mur ne devait pas disparaître à la faveur de la nuit.

Filmstadt Babelsberg

Les loisirs

UNE PETITE CROISIÈRE
La façon la plus enchanteresse d'aborder la résidence royale est sans conteste le bateau. Au départ de Wannsee (an der Langen Brücke), embarcation fréquente – seulement à la belle saison – pour une croisière d'une bonne heure (7 €).

LES STUDIOS DE BABELSBERG,
Filmstadt Babelsberg,
August-Bebel-Str. 26-53.
Ouv. tlj de fin mars à début novembre de 10 h à 18 h. Entrée : 15 €.
Liaison directe en bus à partir de la gare S-Bahnhof Griebnitzsee.
Plus de 2 000 films et de 1 000 téléfilms y ont été tournés depuis 1912. Un grand nombre de stars ont débuté ici. À partir de séquences ou de décors aussi célèbres que *Metropolis*, *Le Baron de Münchhausen*, *La Grande Catherine* et *L'Ange bleu*, certains effets spéciaux et des trucages sont dévoilés. Des navettes conduisent le visiteur à travers le plus grand et le plus ancien studio de cinéma d'Europe.

FILMSTADT II
Ouv. tlj sauf lun. de 10 h à 18 h;
de novembre à avril, de 10 h à 16 h.
Ce parc d'attraction cinématographique se trouve à côté des studios de tournage. Il propose des divertissements plutôt intéressants, pas seulement pour cinéphiles. Un commandant russe accueille les visiteurs à bord d'un sous-marin pour un « ultime voyage » : infiltrations d'eau, signaux d'alarme, effets de lumière et fumigènes accompagnent la plongée simulée dans le décor original de la coproduction internationale *Hostile Waters*. Le spectacle de l'équipe des cascadeurs de Babelsberg est impressionnant.

Les bonnes adresses

ERICH UND JÖRG JORDAN,
Hermann-Elflein-Str. 8-9,
T (03 31) 28 02 253. Ouv. du lun. au ven. de 10 h à 19 h, sam. de 9 h à 14 h.
Ce magasin d'encadrement mérite que l'on s'y arrête à plusieurs titres. La maison est l'une des rares habitations autour de la rue Gütenberg à n'avoir pas succombé aux bulldozers de la RDA. Depuis sa construction en 1852, elle a vu défiler cinq générations de Jordan, famille huguenote originaire des Cévennes, fidèles aux métiers qui tournent autour du tableau. On y vend de jolies cartes postales représentant les Hohenzollern, princes, rois ou empereurs ayant résidé à Potsdam. Les propriétaires sont intarissables sur leur maison, dont ils disent devoir la sauvegarde à la réunification.

JÜRGEN TRUBEL,
Geschwister-Scholl-Str. 90,
T (03 31) 87 35 20. Ouv. tlj de 11 h à 19 h.
Cet Aristide Bruant de la brocante est un descendant de la noblesse strasbourgeoise. Il entasse, dans un attendrissant capharnaüm de trois pièces, livres anciens, meubles, tableaux et objets à la mémoire de Napoléon, qui installa dans la ville ses quelque

12 000 chevaux après Iéna. Sur un minuscule guéridon, une bougie brûle tout le temps, histoire de donner un peu de patine à la maison qui, comme toutes celles de la rue, a été reconstruite après la réunification.

PINOCCHIO,
Mittelstr. 4. Ouv. tlj de 10 h à 18 h.
En plein quartier hollandais, typique avec ses façades en briques rouges, ce magasin de jouets pour petits et grands propose exclusivement des objets en bois non traité et des articles en provenance de l'Erzgebirge, comme les fameuses décorations de Noël.

LE MARCHÉ,
Markt am Bassin, du lun. au ven.
de 7 h à 16 h, sam. de 7 h à 13 h.
Le marché du samedi matin sur la place du Bassin, proche du quartier hollandais magnifiquement restauré, offre presque exclusivement des produits de l'arrière-pays. Racines de persil, citrouilles, radis noirs, concombres, gros cornichons, raves s'amoncellent sur le sol pavé, ainsi que des masses de fleurs fraîchement coupées dans les jardins de la région.

Manger

VILLA KELLERMANN,
Mangerstr. 34, T (03 31) 29 15 72.
Ouv. tlj jusqu à minuit, du lun. au jeu.
à partir de 16 h, du ven. au dim. à partir de midi. Environ 20 € le plat principal.
C'est un site exceptionnel au bord du Heiliger See, avec vue sur le palais de marbre, de l'autre côté du lac. Dans une salle magnifique conjuguant stuc et parquet, on sert une fine cuisine italienne.

ZUM PFINGSTBERG,
am Pfingstberg.
Ouv. tlj sauf lun. de midi à 20 h.
De 5 à 13 € le plat principal.
Sur le chemin pavé qui descend du Pfingstberg au Neuer Garten, cette halte gourmande en plein milieu des jardins ouvriers (Schräbergärten) est un lieu prisé des marcheurs par beau temps. Une immense terrasse ombragée surplombe les douces collines du nord de Potsdam. La cuisine de la maison est traditionnelle, proposant boulettes, rôti de porc ou gibier assorti de chou rouge.

LEHMOFEN,
Hermann-Elflein-Str. 10.
Ouv. tlj de 11 h 30 à minuit,
sam. et dim. à partir de 15 h.
On y déguste une fine cuisine d'Anatolie. Cuisson bien croustillante au four en argile, courette intérieure.

Dormir

AUF DEM KIEWETT,
auf dem Kiewett 8, T (03 31) 90 36 78.
À partir de 60 € la ch. double.
Cette petite pension de 14 chambres dans une villa wilhelminienne est une alternative aux grands hôtels de Potsdam. L'aménagement est simple, le quartier tranquille et le centre-ville proche.

GARNI-HOTEL KRANICH,
Kirchallee 57, T (03 31) 50 53 692.
À partir de 40 € la ch. double.
Une agréable pension un peu en retrait du château, avec vue reposante sur la campagne et petit déjeuner copieux. Excellentes liaisons pour visiter les environs. On reçoit gentiment les personnes à mobilité réduite.

AM GRIEBNITZSEE,
Rudolf-Breitscheid-Str. 190,
T (03 31) 70 910. À partir de 60 €
la ch. double.
Il dispose de 80 chambres claires et fonctionnelles, certaines avec balcon, au bord du Griebnitzsee, dans le quartier de Babelsberg. Restaurant, bar et terrasse ensoleillée.

Quelques services

Informations touristiques

Informations et réservations téléphoniques depuis l'étranger :
T 00 49/18 05/75 40 40.

EUROPA-CENTER,
Budapester Str. 45.
Ouv. du lun. au sam. de 8 h 30 à 20 h 30, sam. de 10 h à 18 h 30.

BRANDENBURGER TOR,
Südflügel, Pariser Platz.
Ouv. tlj de 9 h 30 à 18 h.

Musées

PASSEPORT POUR LES MUSÉES D'ÉTAT (MUSEUMPASS),
informations, T 20 90 55 55.
Ce passeport est valable 3 jours consécutifs (8 €). Il existe aussi des cartes à la journée (4,09 €). Ces tarifs ne concernent pas les expositions. Entrée gratuite le premier dimanche de chaque mois. Ouv. de 10 h à 18 h, ferm. lun. Le musée Pergamon et l'Alte Nationalgalerie ferment le jeu. à 22 h.

LONGUE NUIT DES MUSÉES
Pour 8 €, on a accès à 70 musées et à leurs prestations musicales, théâtrales, littéraires et autres événements, et l'on profite d'un service sans faille de bus Shuttle, qui convoie les couche-tard d'un musée à l'autre. Ambiance survoltée dans la ville ! Renseignements sur www.berlin-online.de.

Transports

WELCOMECARD
Valable 3 jours (Potsdam inclus) pour 20,40 €, cette carte permet à un adulte de voyager avec 3 enfants de moins de 14 ans. Réduction jusqu'à 50 % sur les manifestations touristiques et culturelles.

BUS 100
On peut ainsi jouir pleinement, et sans avoir à jouer des coudes, d'une vue fantastique sur la ville à partir de l'étage du bus. Ligne régulière avec un trajet splendide longeant une douzaine de monuments et rues célèbres. Ne pas monter au départ de Zoologischer Garten – bousculade assurée –, mais au terminus Mollstraße, Prenzlauer Berg.

BUS 200
La ligne est moins connue des touristes, mais tout aussi attractive, avec son parcours longeant le nouveau quartier des ambassades au sud du Tiergarten, ainsi que la Potsdamer Platz. On trouve plus facilement une place à l'étage au départ de Zoologischer Garten.
Terminus : Michelangelostraße, proche du Volkspark Friedrichshain.

BUS 129
Cette ligne de bus offre un trajet exceptionnel partant du sud de la ville, Hermannplatz (Neukölln), traversant Kreuzberg, la Friedrichstraße, pour ensuite longer la Potsdamer Platz, puis suivre le Ku'damm, avant de s'arrêter dans le quartier élégant de Grunewald (Wilmersdorf).

BUS DE NUIT
Il n'est pas nécessaire de danser jusqu'au premier métro, à Berlin, la ville véhicule tout naturellement ses fêtards avec un service de bus efficace (toutes les demi-heures) et de trains rapides S-Bahn (toutes les vingt minutes). La gare du Zoo est très bien pour les changements, l'attente y est courte. Se procurer le plan des lignes de nuit dans les stations de métro.

VÉLOS,
Brunnenstr. 28 (Charlottenburg),
T 44 84 724, www.zentralrad.de.
ADFC-Radlerzentrum Berlin.
Ouv. du lun. au ven. de midi à 20 h, sam. de 10 h à 16 h.
Ce centre d'informations pour cyclistes du dimanche fait un travail remarquable auprès des services municipaux. Il dispose des meilleures cartes de pistes cyclables et d'une multitude d'informations pour cyclistes. En outre, il organise des circuits dans la ville et les environs.

Garde d'enfants

BABYSITTER,
www.sitter-vermittler.de.

Index

Abri antiatomique 35
Alexanderplatz 17
Alexandre-Newski (chapelle russe, Potsdam) 99
Alexandrowka (colonie russe, Potsdam) 99
Alt-Lübars 74
Alt-Marzahn 63
Ambassades 88-90
  - Autriche 90
  - Égypte 90
  - Grèce 89
  - Inde 89
  - Italie 89
  - Japon 89
  - Mexique 88
  - Pays nordiques 88
  - Salon diplomatique 88, 90
Aquarium 31
Aviron 79

Babelsberg (studios de cinéma) 102
Bade-Würtemberg (siège) 90
Ballon 97
Barnimer Land 96
Bateau (location) 79
Bayerisches Viertel 44
Benn, Gottfried 94
Berliner Ensemble 8, 12, 91
Bernau 97
Bernauer Straße 85
Beuys, Joseph 25
Bibliothèque municipale 72
Biermann, Wolf 91
Boltanski, Christian 8
Bo Mun Sa (temple bouddhique) 68
Bornholmer Straße 87
Borofsky, Jonathan 85
Bouddhisme (Maison du) 74
Brandebourg (porte de) 83, 106
Brandt, Willy 43, 45, 94
Brecht, Bertolt 8, 12, 57, 91
Brême (siège de la ville) 90
Briand, Aristide 93
Bruch, Max 93
Bunker 71
Bus 106, 107
Busse, Rido 66

Cage, John 25
Calatravaet, Santagio 85
CDU (siège) 88
Chamisso, Adelbert von 50, 93
Chamissoplatz 50, 55
Charlottenburg 24, 30-34, 94
Châteaux
  Bellevue 24, 26
  Niederschönhausen 66
  Sans-Souci 99
Chillida, Eduardo 24
Chodowiecki, Daniel 92
Chorin (cloître) 96
Cimetières
  - Alter St. Matthaüs-Kirchhof 93
  - Bergmannstraße 93
  - Böhmischer Gottesacker 78
  - Dahlem 94
  - Dorotheenstadt 91
  - français 91, 92
  - Friedenauer Friedhof 45, 93
  - Friedrichsfelde 92
  - Halleschen Tor (Am) 93
  - des Invalides 92
  - juif de Weißensee 92
  - russe orthodoxe 73
  - Sophienfriedhof 85
  - Städtischer Friedhof Heerstraße 94
  - Stahnsdorf 94
  - Zehlendorf 93
Cinéma 18, 59, 102
Clärchen's Ballhaus 9
Cocteau, Jean 93
Concerts 9, 19, 26, 52, 95, 96
Corinth, Lovis 94
Cranach, Lucas 97
Crématorium Baumschulenweg 78
Cristo 28
Croisières 31, 78, 102
Curtius, Ernst 93

Dahlem 39-42, 94
Daimler-Chrysler Contemporary 18
Deming, Gunther 49
Dessau, Paul 91
Devrient, Ludwig 92
Dietrich, Marlène 19, 45, 47, 93
Döblin, Alfred 17, 30
Duncan, Isadora 36
Durieux, Tilla 94
Dutschke, Rudi 39

Einstein, Albert 20, 73
Eisenacher Straße 64
Eisler, Hans 91
Enfants 11, 41, 45, 87, 106, 107
Engels, Friedrich 17
Équitation 74, 75
Escalade 74

Fechter, Peter 84
Fehrbellin 97
Fetting, Rainer 43
Fichte, Johann Gottlieb 20, 91

Fischerkietz 78
Flavin, Dan 25
Foerster, Karl 101
Fontane, Theodor 18, 92, 97, 98
Foster, Norman 82
Frank, Charlotte 78
Franz-Jacob-Straße 62
Freud, Sigmund 17
Friedmann, Alexander 51
Friedrich, Götz 94
Friedrichshain 49, 57-61, 85

Gare centrale 25
Gatow 73
Gethsemane Kirche 66
Glinka, Mikhaïl 73
Goethe, Johann Wolfgang von 32, 68
Goetz, Curt 94
Golf 9, 79
Grass, Günter 44
Grimm, Jacob et Wilhelm 20, 58, 93
Gropius, Walter 27
Grosz, George 94
Grund, Helene 44
Grunewald 35
Gustavo 62

Hackesche Höfe 8, 9, 13
Hakenberg 97
Hambourg (siège de la ville) 16
Hammam 51
Haring, Keith 25
Hausvogteiplatz 19
Havelland 97
Hegel, Friedrich 20, 91
Heine, Heinrich 93
Helenenhof 58
Hélicoptère 97
Hellersdorf 62-63
Hermlin, Stephan 91
Hessel, Franz 44
Heydt, Karl von der 27
Hoffmann, Ernst Theodor Amadeus 93
Hoffmann, Ludwig 58
Högers, Fritz 35
Hohenschönhausen 62-63
Holz, Arno 94
Holzer, Jenny 83
Honecker, Erich 93
Humboldt, Alexander von 71, 73
Humboldt, Wilhelm von 71, 73
Humboldt (résidence) 71
Humboldt (université) 20, 39
Humperdinck, Engelbert 36, 94

Îles
 - Freundschaftsinsel 101
 - Insel der Liebe 79
 - Pfaueninsel 40

Josty (Café) 18
Junghaus 11

Kadelburg, Gustav 94
Kafka, Franz 40
Kahlen, Wolf 41
Karl-Marx-Allee 57
Kästner, Erich 13, 26
Kaufhof 17
Kayak 79
Kennedy, John-F. 43
Kiefer, Anselm 25
Kirchhoff, Gustav Robert 93
Kleihues, Josef Paul 23
Kleist, Heinrich von 40, 97
Knef, Hildegard 94
Knobelsdorff, Georg W. von 101
Knorrpromenade 58
Koch, Robert 9, 20, 30
Kogge (Villa) 30
Kolk 73
Königskolonnaden 43
Koon, Jeff 25
Köpenick 77-81
Krause, Wilhelm von 93
Kreuzberg 49-56, 85, 91, 93
Kroke, Pit 51

Landwehrkanal 24-27
Lehm, Otto 73
Lehm (Villa) 73
Lenné, Peter Joseph 67
Lessing, Gotthold Ephraim 8
Libeskind, Daniel 49
Lichtenberg 62, 92, 93
Liebermann, Max 92
Liebfrauenkirche 51
Liebknecht, Karl 25, 92
Lilienthal, Otto 98
Lortzing, Albert 13
Löwenbrücke 26
Lübars 73
Luxemburg, Rosa 25, 92, 93

Mahlsdorf 63
Mahlsdorf, Charlotte von 63
Maison de la Littérature 26
Maison de poupées 50
Maison des maîtres 17
Majakowskiring 67
Makarov, Nikolai 9
Mann, Heinrich 91
Mann, Thomas 91
Märchenbrunnen 58

Index

Index

Marcuse, Herbert 39
Marionnettes 45
Marx, Karl 17, 20
Marx-Engels-Forum 17
Marzahn 62-65
Massages, relaxation 19, 21
Mauerstraße 84
Mémoriaux
  - de l'autodafé 17
  - du Mur 86
  - de Plötzensee 25
  - de la résistance allemande 24
Mendelssohn, Moses 8
Mendelssohn-Bartholdy, Felix 93
Menschenlandschaft 85
Merz, Gerhard 19
Meyerbeer, Giacomo 92
Ministères
  - Affaires étrangères 19
  - Chancellerie fédérale 24
  - Finances 83
Missing House 8
Mitte Nord 8-14, 91
Mitte Sud 15-23
Mosquée (Wilmersdorf) 36
Mühlenhaupt, Kurt 93
Mühsam, Erich 94
Müller, Heiner 91
Murnau, Friedrich Wilhelm 94
Musées
  - abonnements 106
  - d'Art contemporain de la gare de Hambourg 25
  - de l'Art interdit 85
  - Bauhaus 27
  - Brücke-Museum 94
  - de la Coiffure 63
  - de la Communication 84
  - de la Contrefaçon 66
  - Dahlem 39, 41
  - du Film 18
  - germano-russe 62
  - du Gründerzeit 63
  - d'Histoire de la médecine 8
  - de l'Homosexualité 51
  - huguenot 15
  - juif 49
  - de la Luftwaffe 73
  - Museuminsel 15
  - du Silence 83
  - silencieux 9
  - de la Stasi 16
  - Story of Berlin 35
  - du Sucre 72
  - de la Technique 50

Nabokov, Vladimir 44
Nauen 97
Nelson, Rudolf 94
Neukölln 77-80
Niederfinow (ascenseur fluvial) 96
Nikolskoe (datcha) 40
Nord-Westphalie (siège) 90
Nouvel, Jean 20
Synagogue (Mitte Nord) 8

Oberbaumbrücke 84
Oberbaum-City 58
Offenbach, Jacques 69, 93

Palais de la République 17
Pankow 66-70
Pantoffel Tour 51
Parcs et jardins
  - Görlitzer Park 52
  - Jardin botanique 40
  - Jardin chinois 64
  - Neuer Garten (Potsdam) 99, 100
  - Parc du Mur 86
  - Parc Rudolph-Wilde 45
  - Parc zoologique (Zoo) 24
  - Schräbergärten (Potsdam) 99, 103
  - Späthsches Arboretum 78
  - Tiergarten 24, 88
  - Volkspark 59, 67
Parlement des arbres 82
Pétanque 52
Pfingstberg (Potsdam) 100
Piaf, Édith 19, 33
Pieck, Wilhelm 67, 93
Piscines 51, 79
Plage (Wannsee) 41
Planck, Max 20
Planétarium 68
Plesch, Janos 73
Portzamparc, Christian Urvoy de 90
Potsdam 99-104
Potsdamer Platz 18
Prenzlauer Berg 66-70

Randonnées 41, 97
Rathenau, Walter 36
Rauschenberg, Robert 25
Ravené, Peter Ludwig 92
Reichstag 82
Reinhardt, Max 45
Reinickendorf 71, 74-76
Reuter, Otto 94
Ribbeck 98
Richardplatz 78
Richthofen, Manfred von (le baron Rouge) 92
Ringelnatz, Joachim 94

Rixdorf 78
Roché, Henri-Pierre 44
Rosemeyer, Bernd 94
Roth, Joseph 29, 31
Ruine der Künste Berlin 41

Sachs, Nelly 8
Saint-Nicolas 73
Sauerbruch, Ferdinand 9
Scharoun, Hans 94
Schelling, Friedrich von 20
Scheunenviertel 8
Schimming, Hugo 84
Schinkel, Karl Friedrich 71, 91, 92, 100
Schmelling, Max 87
Schmidt-Rottluff, Karl 94
Schönberg, Arnold 91
Schöneberg 43-48, 93
Schultes, Axel 78
Schütz, Jimmy 86
Seghers, Anna 91
Siegessaüle 88
Spandau 8, 71, 73, 75
Stasi
  - Musée 16
  - Prison 62
  - Siège central 62
Steglitz 39-42
Steinstücken 101
Sternberg, Josef von 45
Stresemann, Gustav 93

Tageszeitung (siège) 84
Tchaïkovski, Piotr Ilitch 93
Tegel 71, 73, 75-76
Teufelsberg 37
Théâtres
  - Hackesches Hoftheater (yiddish) 9
  - Theatre of the Pretty Vacant (anglais) 52
  - Volkstheater Hansa 27
Topographie des Terrors 49
Tiergarten 24-29, 67, 88

Treptow 77-79, 85
Tribunaux
  - Amtsgericht Wedding 72
  - Kammergericht 43
  - Kriminalgericht Moabit 26
Truffaut, François 44
Tucholsky, Kurt 26
Tykwer, Tom 85

Ulbricht, Walter 93
Ullman, Micha 17

Van de Velde, Henry 64
Vélo 46, 82, 107
Verlassene Raum (der) 8
Versöhnung (Kapelle der) 86
Viktoria-Luise-Platz 45
Virchow, Rudolf 9
Vogel, Henriette 40
Vostell, Wolf 35

Wandlitz 97
Wannsee 39-42
Wannsee (Maison de la conférence de) 39
Warhol, Andy 25
Weberwiese 57
Wedding 24, 71-75
Weigel, Helene 8, 12, 91
Weißensee 66, 92
Wilford, Michael 90
Wilmersdorf 35-38
Wilmersdorf (église orthodoxe russe) 36
Wissinger, Julius 94

Yiddish
  - Hackesches Hoftheater 9
  - visites guidées Berlin juif 9
Zehlendorf 39, 93
Zille, Heinrich 32, 94
Zuckmayer, Carl 77
Zweig, Arnold 91
Zwinglikirche 59

Index

Mise en pages : C*MB* Graphic
Cartographie : Édigraphie, Rouen

Les erreurs ou omissions involontaires qui auraient pu subsister dans ce guide, malgré nos soins et les contrôles de l'équipe de rédaction, de même que les modifications d'ordre tarifaire, téléphonique, etc., ne sauraient engager la responsabilité de l'éditeur.

Achevé d'imprimer en mai 2002 par I.M.E.
25110 Baume-les-Dames
N° d'impression : 15880